KB195566

리더의
원온원

조직의 성과와 팀원의 성장을 위한
1on1 소통의 기술

리더의 원온원

이인우, 유경철 지음

천그루숲

프롤로그

최근 들어 미국의 빅테크 기업들이 널리 활용하며 주목받게 된 1on1(원온원)은 리더와 팀원이 주기적으로 만나 조직의 목표를 향해 나아가는 과정이며, 팀원의 의견을 존중하고 주도적으로 문제를 해결할 수 있도록 논의하는 대화방식이다.

리더에게 1on1은 업무의 일부로서 자연스럽고 불편함이 없어야 한다. 리더는 정기적인 만남을 통해 팀원이 담당하는 업무와 함께 개인적인 상황에 대해서도 이야기를 나누며, 팀원이 좋은 성과를 낼 수 있도록 이끌어 주어야 한다. 이를 위해 리더는 1on1의 개념을 명확히 이해하고 업무현장에서 제대로 활용할 수 있어야 한다.

특히 조직에서 Z세대의 역할이 늘어나는 가운데 1on1의 필요성이 더욱 강조되고 있다. 이들은 자기가 하는 일의 의미를 제대로 이해해야 업무에 몰입하기 때문에 업무의 배경에 대해 충분히 알고 싶어 한다. 구체적으로 피드백을 요구하는 세대이고, 동시에 개인적인 성장에 적극적이다. 한편으로는 공정하지 못한 일에 대해서는 거침없이 자기 의견을 표현한다. 그래서 이들의 요구에 부응하기 위해 1on1을 시행하는 조직이 늘어나고 있다. 이 책에서는 리더가 팀원들을 대상으로 1on1을 성공적으로 할 수 있는 구체적인 방법을 정리했다.

Chapter 1에서는 '왜?' 1on1이 필요한지, 그 이유를 담았다. 1on1은 리더와 팀원이 함께 성장하면서 성과를 내는 데 긍정적인 영향을 준다는 사실을 알 수 있다.

Chapter 2에서는 '무엇을?' 1on1 해야 하는지, 그 목적을 담았다. 1on1을 통해 팀원은 일의 본질을 이해하고, 리더는 성과를 내기 위해 무엇을 해야 하는지 알 수 있다.

Chapter 3에서는 '어떻게?' 1on1 해야 하는지, 그 방법을 담았다. 1on1의 시작, 관계 형성, 성과 논의, 생각 촉구, 행동 강화

등 여기에서 제시한 방법을 따라 하기만 해도 팀원과 1on1을 하는 데 많은 도움이 될 것이다. 1on1의 방법을 바로 알고자 한다면 Chapter 3부터 읽는 것도 추천한다.

Chapter 4에서는 리더가 실제로 1on1을 하면서 겪는 곤란한 상황을 정리했다. 팀원의 성격으로 인한 어려움, 적당히 일하려는 팀원, 혼자만 매우 잘하고 있다고 생각하는 팀원, 연상 팀원과 1on1을 하는 방법 등 오랜 기간 기업의 리더로서 경험했던 1on1 사례와 애로사항을 담았다. 책을 읽고 오늘부터 당장 활용해 보면 도움이 될 것이다.

리더는 1on1을 함께하고 싶은 사람이 될 수 있도록 평소에 꾸준히 학습해야 한다. 1on1은 생각의 영역이 아닌 실행의 영역이다. 인정받는 리더가 되고 싶다면 성공적인 1on1을 통해 팀원과 소통하며 성과를 낼 수 있어야 한다.

이인우, 유경철

차례

Chapter 1
'왜' 1on1이 필요한가?

Chapter 2
'무엇을' 1on1 해야 하는가?

Chapter 3

'어떻게' 1on1 해야 하는가?

1장_ 준비된 시작이 필요하다

2장_ 원만한 관계 형성이 필요하다

3장_ 진정한 성과 논의가 필요하다

4장_ 팀원의 생각을 촉구하라

5장_ 팀원의 행동을 강화하라

Chapter 4

1on1이 곤란할 때 이렇게 하세요

'왜' 1on1이 필요한가?

#목표에_대한_정렬

#성공하는_리더

#감정도_중요한_시대

#영향력_있는_리더

#소통방법_혁신

#성과를_내는_팀원

#훌륭한_코치

#성장을_바라는_신세대

#리더도_함께_성장

좋은 성과를 내기 위해

"우리 조직은 각자의 노력이 잘 결집되지 못하고 있는 것 같아요. 조직의 비전이나 목표는 있지만, 각 구성원들이 공동의 목표를 위해 함께하고 있다는 느낌이 들지 않거든요. 각자 자기 일만 열심히 하면 좋은 성과가 날 수 있을까요?"

모두가 열심히 일하고 있는 것 같은데도, 조직 전체의 톱니바퀴는 제대로 돌아가고 있지 않은 듯한 모습…. 우리 조직, 우리 팀원들의 모습은 아닐까?

브리지워터 어소시에이츠 회장 레이 달리오Ray Dalio는 《원칙》이라는 책에서 "공동의 가치관과 원칙을 가진 사람들은 잘 어울린다. 하지만 그렇지 못한 사람들은 오해와 갈등 때문에 힘들어한다"고 말한다. 즉, 조직이 제대로 운영되려면 공동의 가치관과 원칙을 갖는 것이 중요하다. 최고 리더부터 신입사원까지 공동의 가치관과 원칙이 정렬alignment되어 있어야 결국 좋은 성과를 낼 수 있다.

규모가 큰 조직일수록 이 원칙은 더욱 중요하다. 같은 조직에서 서로 다른 목적과 목표를 가지고 일한다면 갈등은 커지고 혼란은 가중될 것이다. 조직은 공동의 목표를 달성하기 위해 모두 같은 마음과 행동으로 일해야 하며, 이러한 점에서 리더와 팀원 간에 진솔한 대화의 시간, 즉 1on1(원온원)이 필요하다.

1on1은 리더와 팀원이 1:1로 대화를 나누는 비공개 만남의 시간이다. 이때 리더와 팀원은 업무적인 진척상황에 대해 이야기하며 피드백하는 것도 중요하지만, 팀원 개인의 커리어와 성장, 행복에 대한 내용까지 함께 공유해야 한다. 1on1은 일반적인 회의처럼 리더가 주도하는 것이 아니라 팀원도 함께 중심이 되어야 한다. 기존의 1:1 미팅이 거의 대부분 리더 중심이었다면 1on1은 리더와 팀원 간의 균형을 중시한다.

1on1은 리더와 팀원이 주기적인 만남을 통해 조직과 팀의 비전과 목표를 공유하고 앞으로 나아가야 할 방향을 명확하게

설명하고 확인하며 서로 정렬해 나가는 장이 되어야 한다. 미국의 빅테크 기업들이 리더의 중요한 역할로 1on1을 꼽는 이유이기도 하다. 최근에는 1on1의 중요성을 인식하고 제도화하는 국내 기업들이 늘어나고 있다.

핵심 포인트

- 1on1은 리더와 팀원이 서로 생각을 공유하는 수평적 미팅의 자리다.
- 1on1은 공동의 목표에 집중하고, 각 구성원이 그 목표를 향해 나아갈 수 있도록 도움을 준다.
- 1on1을 도입하는 국내 기업들이 점차 늘어나고 있다.

1 on 1

성과를 내는 팀원을 만들기 위해

조직에서 성과를 낸다는 것은 어떤 의미일까? '성과'는 일을 통해 조직이 원하는 결과물을 만들어 내는 것이다. 그렇다면 리더는 어떻게 해야 팀원과 함께 성과를 낼 수 있을까?

리더는 1on1을 통해 팀원이 일하는 과정을 인과因果적으로 관리해야 한다. 인과적으로 관리한다는 것은 리더와 팀원이 사전에 함께 합의한 목표를 달성하기 위해 정기적으로 1on1을 통한 피드백과 코칭을 하는 것이다. 1on1에서 지속적으로 이어지는 피드백feedback과 피드포워드feedforward는 팀원이 성과를 내는 데 도움을 준다. 이때 1on1의 목적은 다음과 같다.

첫째, 성과를 내는 인재로 육성한다.

조직의 목표는 결국 성과를 내는 것이다. 아무리 열심히 일해도 성과를 내지 못하면 아무 소용이 없다. 리더는 1on1을 통해 팀원에게 성과의 의미를 명확히 이해시키고, 사전에 합의한 목표를 달성해야 한다는 점을 지속적으로 공유하며, 인과적으로 일할 수 있도록 프로세스를 관리해야 한다. 결국 성과관리를 잘할 수 있는 인재로 만들어 내는 것이 1on1의 중요한 목적이다.

둘째, 실적과 성과를 구분할 수 있는 팀원을 만든다.

'실적'은 팀원의 입장에서 열심히 일한 결과이다. 그러나 '성과'는 일을 통해 조직과 리더가 원하는 결과물이 만들어진 상태이다. 많은 팀원들이 아직도 실적과 성과를 명확하게 구분하지 못하고, 단순히 열심히 일한 결과만 가지고 성과를 냈다고 오해한다. 열심히 일한 결과물은 그저 하나의 실적일 뿐이다. 사전에 리더와 합의한 목표에 맞는 결과물을 내는 것이 성과이다. 이것을 구분할 수 있어야 제대로 성과를 낼 수 있는 인재이고, 1on1은 이러한 인재를 만드는 과정이다.

셋째, 개인의 역량 강화 및 성장을 촉진한다.

리더는 1on1을 통해 팀원을 잘 관찰하고 강점과 약점을 파악해 코칭에 활용할 수 있다. 팀원이 자신의 역량을 최대한 발휘할 수 있도록 돕고, 조직의 목표를 개인의 목표와 연계시키는 방법을 찾아야 한다. 강점을 강화하는 피드백, 약점을 보완하는 피드백은 팀원의 성장에 기본적인 바탕이 된다.

1on1의 목적은 성과를 내는 인재를 만드는 것이다. 조직에서 1on1을 해야 하는 이유도 1on1을 통해 성과를 만들어 내는 인재를 육성하기 위해서다.

핵심 포인트

- 1on1은 조직이 원하는 성과를 내는 인재를 만들기 위함이다.
- 1on1은 실적이 아닌 조직이 기대하는 성과를 낼 수 있어야 한다.
- 1on1은 개인의 역량 강화와 성장을 촉진하는 데 도움이 된다.

1 on 1

팀원의 잠재력을 최대한 발휘시키기 위해

조직에서 리더는 코치가 되어야 한다. 그렇다면 훌륭한 코치가 되려면 어떻게 해야 할까? 팀원의 잠재력을 최대한 발휘하도록 돕는 역할을 수행해야 한다. 또 개인의 성장을 지원하고 조직의 성과 창출을 위한 시너지를 낼 수 있도록 도와야 한다. 이때 개인의 성장을 지원하기 위해서는 끊임없이 관심을 가지고 그들의 행동 패턴과 일하는 과정을 관찰해야 한다.

코치형 리더에게 1on1은 필수적인 코칭 수단이다. 관찰한 내용을 미팅에서 피드백할 수 있기 때문이다. 코치로서 팀원의 말에 경청하고 공감하면서 질문을 통해 애로사항을 끌어내고 문제해결을 위한 피드백을 하는 것이 코치형 리더의 역할이다.

코칭을 한다는 것은 결국 소통에 능숙하다는 의미다. 리더는 팀원이 가진 걱정과 어려움을 이해하기 위해 투명하고 솔직한 대화를 나눠야 한다. 팀원이 스스로 자신을 드러낼 수 있도록 심리적 안전감을 조성하고, 어떤 말을 해도 리더가 이해하고 받아들인다는 신뢰가 형성되어야 코치로서 역량을 발휘할 수 있다.

결국 팀원의 잠재력을 최대한 찾아내어 그것을 실현할 수 있도록 방향을 제시하는 것, 팀원 스스로 문제를 해결할 수 있도록 역량을 키워주는 것이 훌륭한 코치의 역할이다. 이러한 코칭은 1on1 과정에서 이루어지면 좋다. 미팅을 통해 피드백을 하고 리더의 진심 어린 마음이 전달될 때 코칭의 효과는 더욱 배가된다.

빌 캠벨Bill Campbell은 미국 컬럼비아대학교 축구팀 코치로 경력을 시작한 이후 구글의 공동창업자 래리 페이지와 세르게이 브린, 알파벳의 CEO 순다르 피차이, 애플의 스티브 잡스, 메타의 전 COO 셰릴 샌드버그, 아마존의 제프 베이조스 등 실리콘밸리의 훌륭한 리더들의 코칭을 담당했다. 그는 "당신의 직함은 당신을 관리자로 만들지만, 당신의 사람들은 당신을 리더로 만든다"라며 진정한 리더십은 단순히 직함이나 직위에서 오는 것이 아니라, 팀원들의 신뢰와 존경을 통해 얻어진다고 역설했다. 통제하는 리더십은 실패하기 마련이다. 구성원들의 의견을 경청하고 존중하며 대화를 통해 스스로 성과를 내면서 성장할 수 있도록 이끌어 주는 것이 진정한 리더의 모습이다.

1on1은 실질적인 코칭의 현장이다. 팀원의 다양한 이야기를 들으며 현안 문제를 함께 고민하고 해결하면서 조직의 성과와 팀원의 잠재력을 이끌어 내는 자리다. 성공하는 리더는 대부분 코치의 역할을 통해 성과를 이끌어 낸다.

핵심 포인트

- 성공하는 리더는 코치형 리더다.
- 코치형 리더에게 1on1은 필수적인 코칭 수단이다.
- 1on1은 조직의 성과와 팀원의 잠재력을 이끌어 내는 자리다.

1 on 1

함께 성장하기 위해

1on1은 팀원만 성장하는 자리가 아니다. 팀원들과 미팅을 하면서 리더도 함께 성장한다. 리더도 1on1에서 팀원과 소통하며 자신을 돌아볼 수 있고, 팀원의 피드백을 통해 더 좋은 성장의 기회를 얻게 된다. 그렇다면 리더는 1on1을 통해 어떤 성장의 기회를 얻을 수 있을까?

첫째, 자신의 리더십 스타일을 확인할 수 있다.

자신의 소통방식이 공격적인지 또는 수동적인지 확인할 수 있다. 경청이나 공감의 중요성을 알면서도 실제 미팅에서는 본인의 말만 하기도 하고, 불편한 말이 나왔을 때 감정 조절을 하지 못해 화를 내거나 불쾌한 표정을 숨기지 못하기도 한다. 1on1을 통해 이러한 모습을 스스로 모니터링할 수 있고, 자신의 생각과 다른 자신의 모습을 보며 메타인지를 발휘해 객관화할 수 있다. 메타인지는 '자신이 무엇을 알고 무엇을 모르는지 정확하게 파악하고, 학습방법을 스스로 조절하는 능력'을 말한다. 따라서 리더는 1on1을 통해 자신의 행동을 돌아보면서 리더십 스타일을 점검해 보는 것이 필요하다.

둘째, 리더의 소통능력을 향상할 수 있다.

소통은 매우 중요한 리더십 역량이다. 그러나 많은 리더들이 제대로 된 소통을 하지 못해 어려움을 겪고 있다. 소통의 중요성을 인지하고 자신에게 부족한 소통 기술을 의식하면서 1on1을 진행하면 소통능력이 향상된다.

소통할 때 가장 중요한 것은 팀원의 이야기를 귀담아듣는 것이다. 팀원의 감정과 본심을 파악하기 위해서는 팀원이 말하는 의도를 생각하면서 들으려고 노력하는 자세가 필요하다. 그러기 위해서는 이해되지 않는 것은 바로 질문해서 확인해야 한다. 팀원의 몸짓과 같은 비언어 커뮤니케이션을 통해 어떤 감정과 의도를 가지고 있는지도 확인해야 한다.

셋째, 팀원의 의견을 듣고 변화관리에 대해 성찰할 수 있다.

1on1에서는 업무에 관한 내용뿐만 아니라 팀원의 성장과 행복에 대해서도 이야기를 나눌 수 있다. 또 조직이나 개인의 변화에 필요한 것이 무엇인지 의견을 듣는 자리다. 리더와 팀원 간에 충분한 신뢰가 형성되어 있다면 리더가 개선할 부분에 대해 역으로 피드백을 받을 수도 있다. 물론 팀원이 리더에게 피드백하는 것은 결코 쉬운 일이 아니다. 하지만 리더는 자기인식을 위해서라도 개선 피드백을 듣도록 노력해야 한다. 무척 불편한 이야기일 수 있지만, 조직의 변화와 리더의 성장을 위해서라도 팀원에게 피드백을 듣는 것은 반드시 필요하다.

팀원이 편하게 피드백을 하려면 어떤 말이든 해도 된다는 심리적 안전감을 주는 것이 중요하다. 그리고 리더에 대한 피드백이 결과적으로 좋은 변화를 일으킬 수 있다는 믿음을 줘야 한다. 구글은 '상향 피드백Upward Feedback'이라는 프로그램을 통해 구성원들이 익명으로 상사에 대한 피드백을 할 수 있도록 하고 있다. 이때 피드백은 리더의 성과평가에도 반영되며 리더십 개선을 위해 중요한 도구로 활용된다.

넷째, 메타인지를 통한 자기성찰이 가능하다.

1on1은 끊임없는 소통의 과정이다. 여러 팀원들과 대화하면서 다양한 관점을 이해하고 개인과 조직에 대해 다양한 이야기를 나눌 수 있다. 이러한 미팅을 통해 통합적으로 자신을 돌아보고, 리더 스스로 메타인지를 발휘해 자신의 장점과 단점을 명확하게 이해하는 시간을 가져야 한다.

타인의 말은 강력한 힘을 발휘한다. 내가 생각하는 나, 타인이 생각하는 나는 다를 수 있다. 그 격차가 큰 경우에는 여러 감정이 존재하기도 하지만 결국 자기성찰로 이어진다. 물론 무능한 리더는 이러한 자기성찰이 불가능할 수도 있다. 팀원의 부정적인 피드백을 그들의 탓으로 돌리고 비난하며 자신은 문제없다고 생각하는 리더들도 많다. 오만함과 편견이 가득한 리더의 특성이다.

그러나 훌륭한 리더는 팀원의 어떤 의견도 투명하게 받아들이고 자신을 돌아보는 기회로 삼는다. 작은 실수 하나라도 팀원에게 어떤 영향을 주었는지 생각하고, 특히 부정적인 말이나 행동에 상처받았을 팀원들에게 미안한 마음을 갖는다. 다음에는 그러지 않으려고 노력하고 계속해서 스스로를 채찍질하며 돌아본다. 그래서 좋은 리더에게 피드백은 선물이 된다. 자신을 돌아보고 변화시킬 좋은 기회이기 때문이다. 이것은 성장하는 리더의 특징이기도 하다.

핵심 포인트

- 리더는 1on1을 통해 리더십 스타일을 확인할 수 있다.
- 리더는 1on1을 통해 소통능력을 향상할 수 있다.
- 리더는 1on1을 통해 변화와 자기성찰을 할 수 있다.

1 on 1

소통방법을 획기적으로 혁신하기 위해

리더는 1on1을 통해 기존의 대화방식을 개선할 수 있다. 리더의 일방적인 지시로 진행되던 회의나 막연한 질문에서 벗어나 최근의 프로젝트 과정과 결과, 일하면서 겪는 애로사항, 성장에 대한 고민 등 업무와 성장에 초점을 맞추는 것이다.

1on1에서 최악의 질문은 "오늘 무슨 이야기를 하고 싶나요?" "요즘 다른 팀원들과는 어떻게 지내나요?" "현재 하고 있는 일에서 중요한 사안은 무엇인가요?" "협의하고 싶은 문제나 고민이 있나요?" "내가 도울 일이나 개선해야 할 점이 있나요?" 와 같은 것들이다. 이런 질문은 얼핏 제대로 대화하는 것처럼 보

이지만 아무런 준비나 관심 없이 무의미하게 툭툭 던지는 것에 지나지 않는다. 1on1에서 질문은 무엇보다 중요하다. 어떤 질문을 하느냐에 따라 팀원의 대답이 완전히 달라지기 때문이다.

소통을 위해 미팅 장소를 바꿔 보는 것도 좋은 방법이다. 매번 딱딱한 회의실이 아니라 카페나 공원에서 자유롭고 편안한 마음으로 진행해 보는 것이다. 출장 등으로 각기 다른 공간에 있다면 비대면으로 진행하는 것도 새로움을 줄 수 있다.

리더와 팀원은 각각 멘토와 멘티의 역할을 할 수도 있다. 리더는 멘토로서 멘티에게 다양한 것들을 조언해 주고, 팀원인 멘티는 리더에게 유익한 내용을 듣는 것이다. 이처럼 다양한 방식을 활용해 정형화되지 않은 소통을 할 수 있다.

리더는 1on1을 통해 기존에 가지고 있던 소통방식을 완전히 변화시킬 수 있다. 수직적이고 일방적인 소통에서 수평적이고 자유로운 소통으로 바꾸는 것이다. 변화는 멀리 있는 것이 아니다. 내가 기존에 해보지 않았던 것에 도전하는 것, 새로운 것을 시도해 보는 것이 변화이다. 리더와 팀원의 관계에서 의미 있는 질문, 다양한 장소, 관점의 전환은 혁신적인 소통으로 변화시켜 줄 것이다.

Chapter
2

'무엇을'
1on1 해야 하는가?

#성과의_의미
#일의_의미
#비전(미래)
#미래의_모습
#일에_몰입
#성장_마인드

#일의_본질
#일의_프로세스
#현재의_상황
#효율적으로_일하기
#내적_동기부여

1 on 1

성과의 의미를 알게 하라

팀원들은 의외로 성과와 실적의 의미를 제대로 이해하지 못한다. 리더는 팀원에게 성과가 어떤 의미이고, 실적과 어떻게 다른지 차이를 정확히 이해시켜 줘야 한다. 팀원이 성과의 정의를 명확히 알아야 연초에 리더와 합의한 목표를 연말까지 달성하는 데 도움이 된다.

성과와 실적의 의미를 정확히 이해해야 하는 이유는 많은 팀원들이 실적을 달성해 놓고 성과를 냈다고 말하기 때문이다. 예를 들어 영업사원의 목표가 '일주일에 고객사 3회 방문 미팅'이라면 영업사원은 일주일에 3회 미팅을 한 것으로 성과를 냈다고 생각할 수 있다. 그러나 이것은 실적을 낸 것뿐이다. 아무리 목표한 미팅 횟수를 모두 달성했다 하더라도 연초에 리더와 합의한 매출이 나오지 않았거나 단순히 미팅 횟수에 초점을 두었다면 성과를 냈다고 할 수 없다.

성과는 설정된 목표 달성 여부에 초점을 맞추는 목표지향적인 것이다. 고객, 시장, 이해관계자 등과의 관계에서 단순한 수치를 달성하는 것뿐만 아니라 품질, 효율성, 혁신 등의 질적인 측면도 고려해야 한다. 따라서 매출 증대, 시장점유율 확대, 고객만족도 향상, 신제품 개발 등 조직에 실질적으로 효용성을 주는 성과에 초점을 맞춰야 한다.

그러나 실적은 수행된 활동과 노력에 초점을 맞추는 활동중심적인 것이다. 실적은 조직 내부의 활동과 결과에 집중하는 내부지향적이고, 수치상의 결과에 초점을 맞추는 양적 측면을 강

성과 (Performance)	조직이 기대하는 목표를 달성한 결과, 즉 리더와 구성원이 합의한 것을 모두 달성한 상태이다. 리더가 기대하는 목표를 이룬 상태를 말한다.
실적 (Result)	특정 기간에 수행된 업무의 결과, 즉 실제로 이루어진 결과물이다. 리더가 기대한 목표를 달성하지 못했더라도 실적을 냈다고 할 수 있다.

조한다. 생산량, 판매량, 프로젝트 완료율 등과 같은 수치에 집중하기 때문에 조직에 실질적으로 이익이 되는 성과와 차이가 날 수 있다.

1on1을 하는 목적은 결국 조직의 성과를 극대화하기 위한 것이다. 그러므로 1on1을 진행하면서 팀원에게 성과의 의미를 명확히 이해시키고 실적에 대한 수치뿐 아니라 실질적인 성과를 확인하고 피드백해야 한다. 실적은 좋은데 성과가 나지 않는다면 맹목적으로 실적을 채우기 위한 활동을 하는 것은 아닌지 확인하고, 이를 개선할 수 있는 코칭을 해야 한다.

핵심 포인트

- 성과는 조직이 기대하는 결과물, 즉 리더와 합의한 목표를 이룬 상태이다.
- 실적은 특정 기간에 수행된 업무의 결과로, 리더가 기대하는 것을 이루지 못했더라도 실적을 냈다고 할 수 있다.
- 1on1에서 성과와 실적의 의미를 구분할 수 있도록 설명해야 한다.

1 on 1

일의 본질을 알게 하라

1on1에서는 항상 팀원이 일의 본질과 의미를 제대로 알고 있는지 확인해야 한다. 조직의 목표 달성을 위한 일을 하더라도, 그저 주어진 일만 해내는 것으로 성과관리를 한다면 적극적인 동기부여가 되지 않는다. 팀원이 단순히 업무를 수행하는 것을 넘어 일의 본질과 의미를 알면 일에 대한 몰입과 효율성, 그리고 만족도를 높이는 데 도움이 된다.

이때 팀원이 일의 본질을 제대로 알기 위해서는 일의 궁극적인 목적이 무엇인지, 누구에게 어떤 장점과 혜택을 주는지 설명해 줘야 한다. 일의 본질을 이해시키는 과정은 3가지 단계로 진행하면 된다.

첫째, '왜 일을 하는가?'에 대해 질문하고 함께 답을 찾는다.

팀원에게 단순히 "이 일을 해야 한다" "이것은 네가 맡은 부분이다"라고 말하는 것은 동기부여가 되지 않는다. "무엇을 해야 하는가?"가 아니라 "왜 이 일을 해야 하는가?"에 대해 명확한 이유를 설명해야 한다.

리더 우리가 하는 일의 본질이 무엇인지 생각해 본 적 있나요? 편하게 얘기해 봐요. 일의 본질을 알면 일하는 데 도움이 되거든요.

팀원 맛있는 제품을 많이 만들어서 회사의 매출목표를 달성하는 것입니다.

리더 네, 좋은 의견입니다. 맛있는 제품을 만들어 목표를 달성하는 것도 중요합니다. 그런데 우리 일의 본질은 사람들이 안전하게 먹을 수 있는 제품을 통해 소비자의 건강과 회사의 발전에 기여하는 것입니다.

둘째, 거시적인 안목을 제시한다.

지금 하는 일이 조직 전체의 목표 달성에 어떤 기여를 하고 있는지 알려주고 그것을 통해 달성할 수 있는 팀의 성과, 크게는 조직의 성과까지 설명해 줘야 한다. 이처럼 큰 그림을 그릴 수 있는 거시적인 안목을 제시해 주면 일의 본질을 파악하는 데 도움이 된다.

셋째, 목표를 함께 설정하고 달성한 성과를 공유한다.

팀원은 리더와 함께 목표를 설정하고, 어떤 것을 잘했고 어떤 것이 미흡했는지 알아가는 과정에서 일의 본질을 더욱 이해하게 된다.

팀원이 자신이 하는 일의 본질을 알게 되면 본인이 하는 일에 대한 의미를 부여하는 데 도움이 된다. 일의 본질을 알기 때문에 이 일을 했을 때 조직이나 사회에 어떤 공헌을 할 수 있는지 느끼게 된다.

핵심 포인트

- 팀원이 일의 본질을 알고 일하는지 확인한다.
- 리더는 팀원에게 '왜 일을 하는가?'에 대한 답을 찾도록 질문한다.
- 팀원이 본인의 업무를 넓게 조망해 보고 성과를 낼 수 있도록 한다.

1 on 1

일의 프로세스를 알게 하라

일을 할 때 프로세스를 정확하게 이해하는 것은 매우 중요하다. 어떤 일을 해야 하는지 이해하고 있더라도 프로세스를 구체적으로 알지 못하면 시행착오를 겪을 수 있기 때문이다. 따라서 1on1에서 팀원에게 프로세스를 잘 설명하면 불필요한 실수를 줄일 수 있고, 업무의 흐름을 잘 파악하여 문제해결 능력을 키울 수 있다.

팀원이 프로세스를 알고 하느냐와 모르고 하느냐에 따라 일의 품질이나 수준이 달라진다. 따라서 팀원이 프로세스를 경험하는 것이 중요한데 1on1을 통해 리더가 업무계획을 함께 점검하면서 팀원이 프로세스를 자연스럽게 익힐 수 있도록 도와주어야 한다. 팀원은 리더와의 소통에서 배운 것을 실제 업무에 적용해 보고 문제점을 개선할 수 있다. 그리고 다음 미팅에서 어려웠던 점이 무엇이었는지 질문하고 피드백을 받아 더 나은 방법을 찾을 수 있다.

리더는 이를 위해 평소 꾸준한 학습이 필요하다. 업무 관련 자료를 학습하거나 새로운 지식을 찾아 팀원에게 공유하고, 환경 변화에 민감한 업무라면 1on1에서 더욱 적극적으로 소통하는 것이 좋다.

한 가지 기억해야 할 것은 직무에 따라 가지고 있는 프로세스가 다르다는 점이다. 따라서 리더는 1on1에서 업무 보고와 업무 처리 절차, 조직 시스템 등 다양한 프로세스에 대해 팀원이 이해할 수 있도록 코칭과 피드백을 해야 한다. 팀원이 프로세스만 제대로 이해해도 업무의 많은 부분을 자연스럽게 해결해 나갈 수 있다.

핵심 포인트

- 프로세스를 알고 일하는 것은 큰 도움이 된다.
- 프로세스를 알고 할 때와 모르고 할 때 일의 품질이 달라진다.
- 팀원이 업무 중에 프로세스를 자연스럽게 익히도록 도와주어야 한다.

1 on 1

비전을 알게 하라

리더는 1on1에서 팀원에게 미래의 비전vision을 알려주어야 한다. 비전은 장기적이고 포괄적인 내용을 담은 우리의 미래다. 비전은 조직의 방향성이나 가치관과 밀접하게 연결되어 있으며, 조직의 목적을 달성하면서 지속적으로 업무방향을 제시하는 지침 역할을 한다. 팀원에게 비전이 있으면 스스로 동기부여가 되고 업무에 몰입할 수 있다. 팀원에게 비전을 공유할 때는 다음 3가지를 기억해야 한다.

첫째, 쉬운 용어로 설명한다.

팀원이 조직의 비전을 알지 못하면 단지 생계를 위한 업무만 반복하게 된다. 비전을 가지고 일할 때 집중과 몰입을 경험할 수 있다. 따라서 리더는 팀원에게 미래의 비전을 명확하고 구체적으로 제시해야 한다. 이때 추상적인 단어나 표현 대신 팀원들이 이해할 수 있도록 미래지향적이고 쉬운 용어로 설명하는 것이 좋다.

둘째, 비전은 구체적이고 자세하게 설명한다.

리더는 팀원의 머릿속에 구체적인 모습이 그려질 수 있도록 명확하게 설명해야 한다. 그렇지 못하면 비전이 무엇인지 모르거나 비전을 확신하지 못하게 된다. 예를 들어 '매출 100억 달성'은 구체적인 비전이라고 할 수 없다. 매출 100억 원을 달성했을 때 우리가 시장에서 어느 위치에 있게 되는지, 경쟁회사 대비 어떻게 변화되는지, 지금보다 제품이나 서비스가 어떻게 발전하는지, 그로 인해 우리의 조직은 얼마나 성장하는지, 구성원 개개인에게는 어떤 변화가 있을지 등을 건축물의 조감도처럼 전체적으로 조망할 수 있게 설명해야 한다.

셋째, 팀원이 구름을 볼 때 리더는 구름 뒤의 태양을 봐야 한다.

구름이 문제점이고 불가능이라면, 태양은 달성한 상태이고 성공한 모습이다. 팀원들은 상황이 어려우면 목표 달성이 불가능하다고 말한다. 하지만 리더는 위기를 극복하도록 동기부여를 하고 팀원들의 행동을 하나로 모아야 한다. 위기를 기회로 바꾸면 구름이 걷히고 태양이 보인다. 이처럼 팀원들이 문제를 보며 걱정할 때 리더는 문제를 해결한 이후의 모습을 자세히 제시할 수 있어야 한다.

1on1을 통해 비전이 잘 공유되었을 때 좋은 점이 있다. 우선 팀원들의 소속감과 주인의식이 높아진다. 조직의 비전을 이해하기 때문에 소속감을 느끼고 조직에 대한 애착도 커진다. 또 비전에 공감하게 되면 팀원들은 능동적으로 행동한다. 그래서 다양한 아이디어를 적극적으로 제안하고 변화를 잘 수용한다. 마지막으로 리더와 팀원의 공동 목표와 성과 달성에 영향을 미친다. 비전을 내재화하면 자기 일에 집중함으로써 생산성을 높일 수 있다.

업무의 진행상황을 알게 하라

리더는 1on1을 통해 팀원에게 업무의 진행상황을 공유하는 것이 필요하다. 진행상황을 알아야 문제를 해결하고 목표 달성의 가능성이 높아진다. 이때 리더는 팀원에게 현재의 상황과 미래의 모습 2가지를 전달해야 한다.

첫째, 팀원에게 현재의 상태를 설명한다.

리더와 팀원이 바쁘게 일하다 보면 어디까지 진행되고 있는지 모를 때가 있다. 그리고 연말이 되어서야 KPI 등의 성과지표를 보며 '미리미리 챙길걸' 하는 후회를 하기도 한다. 따라서 리더는 1on1을 통해 주기적으로 현재의 상태를 확인해 주어야 한다.

리더 김 과장님, 과장님의 목표 달성에 대해 현재 누적진도율이 어느 정도죠? 이제 남은 4분기를 지나면 12월까지 어떻게 될까요?

팀원 당월 달성률은 알고 있는데, 누적 달성률은 잘 기억나지 않습니다.

리더 괜찮아요. 그럴 수 있죠. 그래서 우리가 이렇게 미팅을 통해 점검하는 거 아닙니까. 내가 봤을 때 누적달성률은 65%이고, 12월까지는 95% 수준이 될 것 같네요.

팀원 네, 팀장님. 특별한 문제가 없는 한 그 정도 될 것 같습니다.

리더 1년 동안 수고했는데 조금 더 해서 목표를 달성하고 좋은 평가와 인정을 받으면 좋겠어요. 이제부터 당분간 미팅에서 이 부분에 대해 서로 방법을 찾아갑시다.

팀원 제가 먼저 챙겼어야 했는데, 팀장님께서 4분기가 시작되기 전에 미리 말씀해 주셔서 고맙습니다.

리더 지금부터라도 부족한 부분에 대해 체크하도록 합시다. 조금만 보완하면 목표를 100% 초과 달성할 수 있을 겁니다.

팀원 네, 팀장님. 감사합니다.

둘째, 팀원에게 앞으로 어떻게 일할지 질문한다.

팀원에게 현재의 모습을 공유했다면 앞으로 어떻게 일하면 좋을지 미래의 모습에 대해서도 함께 의견을 나눈다. 이때 리더는 적절한 질문을 통해 팀원이 스스로 알 수 있도록 하는 것이 필요하다.

리더 김 과장님, 우리 팀에 발령받은 지 한 달이 되어 가네요. 제가 보기에는 잘 적응하고 있는 것 같은데, 스스로 어떤 부분은 잘했고 어떤 부분은 보완해야 하는지 생각해 본 적이 있나요?

팀원 네, 저도 실무 담당자로서 업무 파악은 대부분 된 것 같습니다. 하지만 아직 업무 관련 부서와의 친밀감이나 관계를 위한 적응이 덜 된 것 같아요.

리더 그럴 거예요. 아직 업무 관련해서 알아야 할 사람들도 많고요. 한 달 동안 주로 사무실에서만 일했던 것 같은데, 앞으로는 이해관계자들과 더 가까워질 기회도 고려해 보는 건 어떨까요?

팀원 네, 팀장님. 업무가 더 바빠지기 전에 필요하다면 거래처 출장이나 업무관계자들이 모이는 세미나에 다녀올 수 있도록 계획을 세워 보겠습니다.

리더 지금도 잘 적응하고 있는데, 앞으로 더 기대가 되네요.

효율적으로 일하게 하라

1on1을 할 때 리더는 팀원이 효율적으로 일할 수 있도록 도와주어야 한다. 열심히 일하지만 원하는 만큼의 성과를 내지 못하고 있다면 일의 효율성이 떨어지고 있다는 것이다. 리더는 1on1을 하면서 팀원이 어떤 부분에서 비효율적으로 일하고 있는지 함께 파악해야 한다. 이때 중점적으로 피드백해야 하는 부분은 다음과 같다.

첫째, 명확한 목표가 설정되어 있는지 지속적으로 확인한다.

팀원이 구체적이고 측정 가능한 목표를 가지고 일하는지 확인한다. SMART 원칙을 적용하면 일의 효율성을 높일 수 있다. 팀원이 구체적인 목표를 가지고, 목표 달성과 관련된 일에 집중하며, 기한 내에 일을 끝낼 수 있도록 도움을 주어야 한다.

둘째, 우선순위를 정하고 일할 수 있어야 한다.

팀원이 우선순위를 제대로 정하고 업무를 진행하는지 확인한다. 다양하고 많은 일 중에서 긴급하고 중요한 일을 먼저 처리해야 한다. 긴급하지만 중요하지 않은 일을 처리하다가 정작 중요한 일을 끝내지 못하는 경우가 많다. 업무 효율성을 위해서는 우선순위를 정하고 중요한 것부터 할 수 있도록 도와야 한다.

긴급성과 중요도를 기준으로 우선순위를 분류하는 방법으로 '아이젠하워 매트릭스'가 있다. 1on1에서는 팀원이 하는 일을 4가지 매트릭스로 구분하고, 우선순위를 정해 일하는 습관을 들이도록 돕는다. 그리고 긴급하지 않지만 중요한 일도 빠뜨리지 않고 꾸준히 실행할 수 있도록 코칭한다.

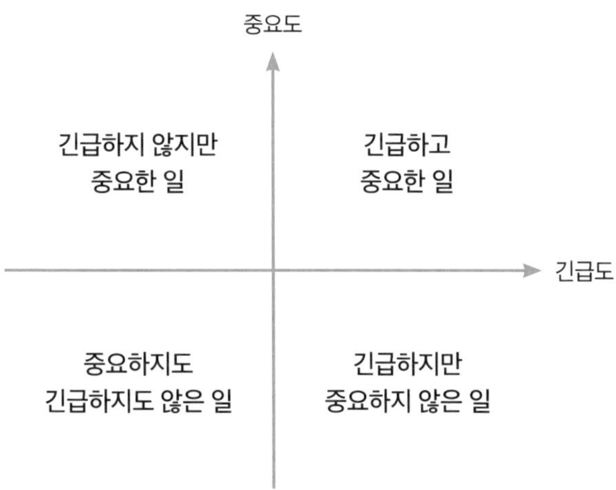

1) 긴급하고 중요한 일 : 지금 당장 해결해야 할 문제, 마감이 임박한 업무 등 시한이 긴급하면서 의사결정이 필요한 업무이다.

2) 긴급하지 않지만 중요한 일 : 장기적인 목표 달성을 위한 계획, 업무에 따라 차이는 있겠지만 6개월이나 1년에 걸쳐 달성해야 하는 업무나 그 이상의 기간을 두고 진행하는 업무이다. 이러한 일들은 지금 당장 필요하지는 않지만, 팀원의 업무성과를 비롯해 개인의 성장과 관계가 있기 때문에 미리 계획해서 시간과 노력을 투자해야 한다.

3) 긴급하지만 중요하지 않은 일 : 다른 사람의 요청이나 예상치 못한 문제 등이다. 이런 일들은 AI 등의 기술을 도입해 자동화하는 것이 좋다.

4) 중요하지도 긴급하지도 않은 일 : 회사에서 습관적으로 시간을 소비

하는 행동이다. 습관적인 흡연이나 커피타임, 근무시간에 불필요한 유튜브 시청 등이다. 꼭 필요한 것은 해야 하지만 소비시간을 줄이거나 없애야 한다.

셋째, 지속적인 학습의 기회를 주고 성장을 지원한다.

조직에서 효율적으로 일하기 위해서는 팀원들이 자신의 업무능력을 향상할 수 있도록 다양한 교육 기회를 제공해야 한다. 세미나, 오프라인 교육, 워크숍, 온라인 강의, 멘토링 프로그램 등 지속적인 학습을 통해 성장할 수 있도록 지원한다.

일을 효율적으로 한다는 것은 결국 일하는 방식을 바꾸는 것이다. 1on1을 통해 팀원이 목표를 가지고 긴급하고 중요한 일부터 추진하면서 지속적으로 성장할 수 있도록 도와야 한다.

핵심 포인트

- 명확한 목표가 설정되어 있는지 지속적으로 확인한다.
- 업무의 우선순위를 정해서 일할 수 있어야 한다.
- 지속적인 학습의 기회를 주고 성장을 지원한다.

1 on 1

몰입할 수 있도록 내적 동기부여를 하라

1on1을 할 때 리더는 팀원의 동기부여를 높여줄 수 있어야 한다. 특히 팀원의 내적 동기부여에 관심을 갖는 것이 필요하다. 동기부여는 '어떤 목표를 향해 나아가도록 하는 내적인 힘 또는 에너지, 무엇을 하고 싶게 만드는 것'이다. 동기부여는 외부적인 요인에 의해 생기는 '외적 동기부여'와 자신의 내면에서 우러나오는 '내적 동기부여'로 나눌 수 있다.

팀원이 힘든 일을 겪거나 고민을 말할 때마다 모든 것을 리더가 해결해 주기는 어렵다. 그러므로 평소 팀원이 가지고 있는 어려움을 경청하면서 내적 동기부여를 통해 스스로 어려움을 극복하고 성장할 수 있도록 도와줘야 한다. 세계적인 동기부여 전문가 다니엘 핑크Daniel Pink는 '외적 보상은 창의성과 자발성을 저해한다고 주장하며 자율성, 유능감, 소속감이라는 3가지 요소가 내적 동기를 높이는 핵심'이라고 강조한다.

외적 동기부여는 일을 잘하면 보상을 해주거나 못하면 처벌하는 등 외부의 영향에 의해 주어지는 것이다. 반면 내적 동기부여는 외부적인 요인이 없어도 스스로 목표를 향해 나아갈 수 있는 힘을 말한다. 외적 동기부여로는 지속적인 성과를 내는 데 한계가 있다. 다이어트를 위해 헬스클럽을 등록했다고 가정해보자. PT 선생님이 아무리 좋은 운동 프로그램과 식단을 짜주어도 결국 그것을 해내는 사람은 본인이다. 다이어트를 하면 여러 가지 보상이 주어진다 하더라도 본인이 정말 그것을 하고 싶어 하지 않는다면 성공하지 못한다. 결국 자신이 스스로 깨닫고 열심히 하려는 의지가 있어야 끊임없이 노력할 수 있다. 그래서 스스로 해야 한다는 마인드셋을 가지고 묵묵히 실천해 나갈 수 있는 내적 동기부여가 더욱 중요하다.

리더는 팀원 스스로 내적 동기부여를 통해 주어진 목표를 달성하고 자신의 성과를 이룰 수 있도록 도와 주어야 한다.

리더 김 과장님이 잘 해낼 줄 알았어요! 이번 박람회 부스 운영은 기획부터 실행까지 아주 좋았습니다. 고객이 부스에서 머무르는 시간이 늘어났고 고객 체험공간이 아주 좋았다는 평이 많았습니다. 특히 고객의 이동 동선을 잘 기획했어요. 그렇게 많은 사람들이 방문했는데도 복잡하거나 얽히지 않고 아주 순조롭게 진행되었잖아요.

팀원 네, 할 때는 힘든 부분도 있었지만 끝나고 나니 보람이 느껴졌습니다.

리더 이제 전문가로 성장한 것 같네요. 누구보다도 멋지게 운영했어요. 수고했습니다.

팀원 팀장님께서 그렇게 인정해 주시니 힘이 됩니다. 이번에 기획하면서 조금 아쉬운 부분이 있었는데, 다음번에는 좀 더 잘할 수 있겠다는 자신감이 들어요.

리더가 팀원에게 내적 동기부여를 해야 하는 이유는 결국 지속 가능한 성과를 내기 위해서다. 새로운 아이디어를 내는 창의성을 증진하고 팀원 스스로 일 자체에 즐거움을 느껴 일에 대한 만족도를 높일 수 있다. 일에 대한 몰입도가 높아지면 결과도 좋아진다. 따라서 1on1을 할 때 리더는 일을 잘하거나 못했을 때의 보상이나 처벌에 중점을 두는 외적 동기부여가 아니라, 팀원의 강점을 잘 파악해서 잘하는 것은 더 잘할 수 있도록 도와주고 약점은 보완할 수 있는 피드백 코칭을 해야 한다. 팀원에게 관심을 가지고 대화하면서 내적 동기부여를 하는 것이 변화와 성장에 도움이 된다는 점을 기억하자.

핵심 포인트

- 리더는 1on1에서 팀원의 동기부여를 높여주어야 한다.
- 외적 동기부여는 보상과 처벌 같은 외부의 영향에 의해 주어지며, 지속적인 성과를 내는 데 한계가 있다.
- 내적 동기부여는 외부 요인 없이 스스로 목표를 향해 나아가게 하며, 지속적인 성과를 내는 데 필요하다.

1 on 1

성장 마인드셋을 자극하라

1on1을 할 때 리더는 팀원의 성장 마인드셋을 자극해야 한다. 스탠퍼드대학교 심리학과의 캐롤 드웩Carol S. Dweck 교수는 "성장 마인드셋을 가진 사람들이 지속적인 성과를 내며 성장한다"고 말한다.

마인드셋은 성장 마인드셋과 고정 마인드셋으로 나눌 수 있는데, 성장 마인드셋은 우리의 능력이 고정된 것이 아니라 노력과 학습을 통해 발전시킬 수 있다는 믿음을 말한다. 반면 고정 마인드셋은 우리의 능력은 고정되어 있어서 어떤 노력을 해도 발전시킬 수 없다는 믿음이다. 고정 마인드셋을 가지고 있는 팀원은 자신이 일을 못하는 것은 원래 무능력해서라고 여기며 더 큰 도전을 하지 않는다. 결국 자신이 생각한 틀에 갇혀 잘할 수 있음에도 하지 않는다는 것이다.

고정 마인드셋	• 능력은 타고난 것이며 변하지 않는다고 믿는다. • 실패를 자신의 능력 부족으로 여기고 쉽게 포기한다. • 새로운 도전을 꺼리고 안전한 선택을 한다. • 칭찬보다 결과에 집중한다.
성장 마인드셋	• 능력은 노력과 학습을 통해 향상될 수 있다고 믿는다. • 실패를 성장의 기회로 삼고 배우려고 노력한다. • 새로운 도전을 즐기고 어려움을 극복하려고 노력한다. • 과정과 노력을 칭찬하고 격려한다.

리더 처음 업무를 시작할 때보다 상당히 많이 좋아졌습니다. 점점 더 실력이 늘어나는 것이 보여요.

팀원 이제 시작이라고 생각합니다. 아직 배울 것이 많이 남았습니다.

리더 업무를 보는 시야도 넓어지고, 실수 없이 해야 할 일을 정확하게 해나가기가 쉽지 않은데, 잘하고 있어요.

성장 마인드셋은 일할 때 매우 긍정적인 영향을 미친다. 다른 사람들과 관계를 맺으며 협업하려고 노력하고, 새로운 것을 배우고, 문제가 발생했을 때 해결하려고 노력한다. 일을 하다 어려움에 부딪히거나 좌절에 빠지면 회복탄력성을 발휘해 포기하지 않고 끈기 있게 매달린다. 자존감이 높아서 자신의 잠재력을 믿고 스스로를 존중한다.

고정 마인드셋에 빠져 있는 팀원이 있다면 리더는 1on1에서 코칭과 피드백을 통해 성장 마인드셋을 자극해 줘야 한다. 팀원의 성장 마인드셋을 위해 리더가 할 수 있는 행동들은 다음과 같다.

- 리더는 긍정적인 피드백과 격려를 한다. 일이 잘 안 되었더라도 결과뿐만 아니라 노력 과정, 새로운 시도, 학습 과정을 구체적으로 언급하며 칭찬한다.
- 이번의 실패는 단순한 실패가 아니라 나중에 더 큰 일을 할 수 있는 성장의 발판이라는 인식을 가지고 다음에는 더 잘할 수 있다는 긍정적인 메시지를 전달한다.
- 팀원의 강점을 찾아서 구체적으로 언급하고 강점을 더 활용하여 성과를 낼 수 있는 방법을 피드백한다.
- 실패를 두려워하지 않는 분위기를 조성한다. 실패는 자연스러운 과정이기 때문에 이를 통해 배울 수 있다는 성장에 초점을 맞춰 이야기한다.

1on1은 팀원에 대한 동기부여의 장이다. 마인드셋에 따라 성과와 성장도 달라진다. 일하면서 어려움이 발생했을 때 스스로 해결하는 힘을 얻게 하는 것은 '성장 마인드셋'이다. 따라서 리더는 팀원의 마인드셋에 관심을 가지고 '성장 마인드셋'을 자극하는 것이 필요하다.

핵심 포인트

- 팀원의 성장 마인드셋을 자극해 준다.
- 성장 마인드셋은 일할 때 긍정적인 영향을 미친다.
- 스스로 해결하는 힘을 얻는 것은 결국 성장 마인드셋이다.

Chapter 3

'어떻게' 1on1 해야 하는가?

1장

준비된 시작이 필요하다

#아젠다를_알려라
#장소
#안부_묻기
#상담코칭_티칭
#존중하라
#빈도
#시작
#미팅_리뷰
#공동체의식
#신뢰하라

1 on 1

사전에 아젠다를 안내하라

리더는 1on1을 하기 전에 팀원에게 미리 아젠다(무엇을 다룰지)를 알려주는 것이 좋다. 1on1의 목적이 새로운 사업이나 계획을 안내하려는 것인지 또는 현재의 업무상황을 점검하려는 것인지를 사전에 알고 있으면 미팅의 질을 높이는 데 도움이 된다. 아젠다를 미리 알면 팀원은 미팅에 대한 부담이 훨씬 줄어들고, 조금이라도 더 많이 준비해 참여할 수 있다.

사전에 아젠다를 알리는 방법으로 이메일이나 문자, 전화 통화 등이 있고, 때로는 직접 대면을 통해 언급해도 된다. 이메일이나 문자를 통해 아젠다를 알릴 때는 팀원이 미팅에 참여하기 전에 미리 준비할 것이나 아이디어를 생각할 수 있도록 구체적으로 안내하는 것이 좋다.

김 책임님, 수고 많습니다.

전사혁신위원회에서 결정된 혁신안에 대해 추가로 논의할 것들이 있어요. 어떻게 혁신안을 전 계열사로 확대하고 적용·실행할지 고민해 봐야 하는데, 수요일 오전 10시에 회의실에서 미팅을 가지는 게 어때요?

이 선임님, 수고 많습니다.

상반기 신제품 개발 건수와 매출현황을 반기 마감 보고자료에 반영하는 게 좋겠어요. 어떤 시사점이 있는지 파악해야 하니까 상반기 매출 자료를 준비해서 목요일 오전 10시에 팀 회의실에서 미팅을 갖도록 합시다.

메일을 당사자에게만 보낼 수도 있지만, 팀의 공동 성과와 관련된 이슈라면 다른 팀원들을 '참조'로 포함해서 알리는 것이 좋다. 이렇게 하면 팀의 구성원들이 우리 팀의 업무가 진행되는 상황을 알 수 있고, 1on1에 참여하는 팀원은 본인의 업무가 팀의 공동 업무에 공헌하고 있다는 것을 느끼게 된다. 팀원 전체에게 아젠다를 알릴 때는 팀의 구성원 중 소외되는 사람이 없도록 해야 한다.

팀원에게 미리 아젠다를 알리는 것은 일이 잘 진행되도록 방향을 잡아주고 어려움을 파악해서 필요할 때 도움을 주기 위한 것이다. 팀원의 입장에서는 리더와의 미팅이 잔소리나 간섭이 아님을 알 수 있다.

이러한 사전 안내 없이 곧바로 1on1을 진행한다면 팀원은 제대로 준비하지 못하고 아이디어도 충분히 고민하지 않은 상태에서 참여하게 된다. 그러면 리더와 팀원 모두 불만족스러운 미팅이 되기 쉽다. 특히 팀원은 리더가 세밀하게 업무를 관리하지 못한다는 느낌을 받을 수 있다.

핵심 포인트

- 아젠다를 사전에 알려주는 것은 효율적인 1on1에 도움이 된다.
- 아젠다는 다양한 방법으로 사전에 안내할 수 있다.
- 아젠다를 알릴 때는 업무 관련자가 소외되지 않도록 한다.

1 on 1

미팅의 빈도를 정하라

1on1은 미리 빈도를 정해서 진행하는 것이 좋다. 이때 리더는 팀원과 합의해서 일을 추진해 나가는 데 필요한 빈도를 정하면 된다. 현업에서 팀원들과 1on1을 진행해 본 경험으로는 최소 일주일에 한 번을 추천한다. 주 1회는 업무의 공백이나 누락을 예방하고 일이 제대로 추진될 수 있도록 점검하고 방향을 설정하는 데 적당한 횟수이다.

물론 업무의 성격에 따라 1on1의 빈도가 다를 수 있다. 환경과 이슈들이 급하게 변화하는 영업이나 마케팅 영역에서는 일주일에 두세 번의 미팅이 진행되기도 한다. 이러한 부서의 경우

자칫 리더와 팀원이 제대로 논의하지 못해 의사결정이 늦어진다면 곧바로 실적에도 영향을 미친다. 필자가 영업 업무를 할 때는 월요일 오전에 팀 미팅을 진행하고, 수요일이나 목요일에 1on1을 진행했다. 여기서 나온 이슈들은 다음 월요일 팀 미팅에 반영될 수 있어서 효과적이다.

[목요일 1on1 상황]

리더 임 선임님, 지난 월요일 팀 미팅에서 신규 가맹점 인테리어 공사는 이번 주에 끝나고 다음 주는 초도물량을 출고할 수 있다고 했는데, 공사는 어떻게 진행되고 있나요?

팀원 네, 팀장님. 신규 가맹점주가 내부 인테리어에 추가 옵션을 요청해서 공사가 이번 주에 마무리되기는 어려울 것 같습니다. 일주일 정도 더 필요합니다.

(중략)

리더 그래요. 가맹점주의 요청을 충분히 반영해 주세요. 다만, 더 이상 공사가 지연되면 본사나 가맹점주가 오히려 손해일 수 있다는 점을 미리 알려주시고요. 이 건에 대해서는 다음 주 월요일 팀 미팅에도 반영해 주시고, 공사를 조금 앞당길 수 있는지도 알아봐 주세요.

회계팀이나 HR팀과 같이 상대적으로 외부환경에 덜 민감한 부서는 일주일에 한 번 정도가 좋다.

리더 한 선임님, 신규 직원의 온보딩 교육 프로그램 기획 건은 어떻게 진행되고 있나요? 이번 주에는 다른 업무보다 온보딩 교육 쪽에 집중하는 것이 좋겠는데. 임원들도 최근에 신규 직원들이 늘어나면서 이쪽에 관심이 많네요.

팀원 네, 팀장님. 이번 주에 온보딩 교육 프로그램에 대한 기획과 검토를 마무리할 수 있을 듯합니다. 목요일까지 끝내고 금요일 오전 중에 팀장님께 보고드리도록 하겠습니다.

팀원과의 1on1을 통해 빈도를 조정해 나가는 것도 좋다. 팀원과 함께 빈도를 정하는 것은 팀원을 배려해 주는 것이므로 앞으로의 1on1에서도 팀원의 생각이 반영된다는 것을 알리는 효과가 있다.

리더 이번 일 잘 진행해 봐요. 앞으로 업무를 해나가면서 어느 정도 간격으로 미팅을 하면 좋겠어요?

팀원 일주일에 한 번 정도가 적당할 것 같습니다.

리더 그럽시다. 처음에는 일주일에 한 번으로 하다가, 루틴으로 잡히면 격주에 한 번으로 조정하죠.

팀원 네, 좋습니다.

노스캐롤라이나 샬롯주립대학교의 스티븐 로겔버그Steven G. Rogelberg 교수도 팀원과의 면담은 일주일에 30분이 적당하다고 말한다. 격주로 시행한다면 45분에서 60분이 적당하다. 1on1은 업무에 따라 팀원과 함께 적당한 빈도를 협의하고 빈도를 조정하면서 진행할 것을 추천한다.

핵심 포인트

- 1on1은 최소 일주일에 1회는 필요하며, 경우에 따라서는 격주로 할 수도 있다.
- 1on1 회의시간은 30분 정도가 적당하다.
- 1on1의 빈도는 팀원과 함께 합의하는 것이 좋다.

1 on 1

장소를 고집하지 마라

1on1을 진행하는 장소는 리더와 팀원이 집중해서 대화할 수 있는 공간이면 어디든 상관없다. 회의실이나 라운지, 카페도 좋다. 팀장의 자리도 괜찮다. 다만 팀장의 자리에서는 위계가 느껴지지 않도록 신경 써야 한다. 회의실의 경우 조사를 하는 것과 같은 딱딱한 분위기에서 진행되지 않도록 주의해야 한다 .

1on1의 목적은 단순히 1:1 면담이 아니라 팀의 목표를 달성하고 구성원의 성장을 돕기 위한 자리다. 따라서 두 사람이 오롯이 집중하는 것을 목표로 해야 한다. 가끔은 리더와 팀원이 함께 산책하면서 진행하는 것도 좋다. 1on1을 진행하기 좋은

장소의 장단점과 유의사항을 참고하자.

1on1은 장소를 한 군데로 정해서 진행할 필요는 없다. 주제와 목적에 따라 다양한 공간을 활용해 보자. 진중하고 무게 있

1on1 장소별 장단점 >>>

장소	장단점	유의사항
회의실	• 방해받지 않고 집중하기에 좋음 • 딱딱한 분위기	팀원을 조사하거나 추궁하는 분위기가 되지 않도록 한다. 중요한 주제를 다룰 때 적당하다.
미팅룸	• 방해받지 않고 집중하기에 좋음 • 좁은 공간일 수 있음	오픈되어 있다면 주변에 소음이나 간섭이 있을 수 있다. 무거운 주제가 아닐 때 적당하다.
라운지	• 주의를 환기하고 부드러운 분위기 • 대화가 노출됨	주변이 산만할 수 있다. 자칫 팀원이 집중하지 못할 수 있고, 주변에서 대화 내용을 들을 수 있다.
카페	• 주의를 환기하고 자유로운 분위기 • 주변이 시끄러울 수 있음	경우에 따라 장소가 산만할 수 있다. 자유롭게 대화할 수 있으나 대외비에 해당하는 대화는 주의한다.
리더 자리	• 딱딱한 분위기 • 빠르게, 빈번히 대화 가능	위계적인 분위기가 느껴질 수 있다. 딱딱한 분위기가 원활한 대화에 장애물이 될 수 있다.
산책	• 주의를 환기하고 대화 가능	대화의 주제가 깊이 논의되기보다 폭넓은 내용으로 확대될 수 있다. 진중하고 깊이 있는 주제라면 적당하지 않다.

는 내용을 다룬다면 회의실이나 미팅룸이 적당하고, 창의적인 아이디어가 필요하고 팀원과의 관계를 좀 더 강화하려는 목적이라면 라운지나 카페를 이용하거나 천천히 산책하면서 대화를 나눠도 좋다. 팀원이 1on1에 참여하기 쉽고, 너무 강압적이거나 위계적인 느낌이 들지 않는 편안한 장소가 필요하다.

핵심 포인트

- 1on1을 진행하는 장소는 두 사람이 집중할 수 있는 공간이어야 한다.
- 리더의 위계가 느껴지는 자리는 피하는 것이 좋다.
- 목적에 따라 장소를 달리해서 진행할 수 있다.

1 on 1

시작 전 팀원의 안부를 먼저 물어라

리더는 1on1을 할 때 팀원에게 간단한 안부를 묻는 것으로 시작하는 것이 좋다. 아무리 같은 팀의 구성원이라고 하지만 리더와의 미팅은 부담스러울 수밖에 없다. 만나자마자 곧바로 회의에 들어가는 것보다 간단한 '라포rapport 형성'을 위한 대화를 먼저 진행해 보자.

"주말 잘 보냈어요?"

"오늘 이렇게 보니 반갑네요."

"업무 내용이 점점 좋아지는 것 같아요."

"오늘 즐겁게 회의를 진행하는 거 어때요?"

"지난번 의견 아주 좋았어요."

미팅 전 라포 형성은 원만하고 성공적인 1on1으로 가는 데 필요한 요소이다. 팀원은 편안하고 안전하다고 느낄 때 더욱 적극적으로 참여하고 아이디어를 내며 서로 협력할 가능성이 커진다.

때로는 간단한 간식을 준비해 같이 먹으면서 진행하는 것도 라포 형성에 도움이 된다. "이거 한번 먹어 보세요"라고 리더가 건네는 간단한 간식도 팀원에게는 의미가 있다. 사람들의 마음은 사소한 것에서 열린다. 팀장이 건네주는 캔디나 비스킷을 받으면 크든 작든 좋은 분위기에서 1on1을 시작하는 데 분명히 도움이 된다.

핵심 포인트

- 1on1을 시작하기 전에 라포를 형성한다.
- 팀원이 편안함을 느낄 수 있어야 한다.
- 간단한 간식을 준비하는 것도 좋다.

1 on 1

집중해서 논의할 사항을 언급하고 시작하라

1on1을 바로 시작하기보다 집중해서 논의할 사항을 먼저 설명하는 것이 좋다. 그러면 대화에 집중하기 쉽고 원하는 결과물을 얻는 데도 도움이 된다. 그리고 업무에 대한 논의가 언제부터 시작되는지, 리더가 어떤 부분에 중점적으로 관심을 가지고 있는지 미리 알고 있으면 흐름을 따라가기가 훨씬 수월하다.

"오늘은 지난주에 이야기했던 입찰 준비를 점검해 보려고 해요. 제안서는 어느 정도 작성되었을까요? 관련 부서에서 받기로 한 자료들은 들어왔나요?"

"오늘은 회사의 새로운 ERP 시스템의 불편한 점을 줄이는 것에 대해 이야기해 볼까요? 직원들이 어떤 점을 불편하게 여기는지 정리한 게 있을까요? ERP 개발업체는 직원들의 불만사항을 보완해야 한다는 점을 알고 있나요?"

"오늘은 사무직원 업무만족도 조사가 얼마나 진행되었는지 확인해 보도록 하죠. 설문 문항은 정리되었나요? 온라인으로 받아야 하니 포맷에 맞춰서 설문을 온라인 사이트에 등록하고, 직원들에게 공유할 온라인 링크도 준비해야겠죠.

리더가 1on1을 시작하기 전에 집중해서 논의할 사항을 설명해 주면 다음과 같은 장점이 있다.

첫째, 1on1의 목적을 달성하는 리더로 인식된다.

끝나고 나서 시간만 허비했다는 느낌을 주는 미팅이 있고, 시간 내에 효율적으로 논의했다는 느낌을 주는 미팅이 있다. 아젠다를 미리 설명하고 시작하면 효율적인 1on1을 운영하는 데 도움이 된다.

둘째, 업무의 방향을 정확하게 제시하는 리더로 인식된다.

리더는 업무의 방향을 제시하는 디렉터director이다. 팀원이 리더에게 기대하는 것 중 하나가 제대로 된 업무의 방향을 알려주는 것이다. 리더가 어떻게 하느냐에 따라 일을 한 번에 끝낼 수도 있고, 같은 일을 두세 번 할 수도 있다. 문제를 한 번에 해결하기도 하고, 문제에 접근하지도 못하고 끝나 버리는 경우도 있다. 그래서 팀원들은 업무의 방향을 정확하게 제시하는 리더를 인정하고 존경한다.

셋째, 팀원들의 일하는 방법에 긍정적인 영향을 준다.

팀원들은 리더의 행동이나 업무 수행방식을 따라 한다. 딘 토즈볼드Dean Tjosvold와 메리 토즈볼드Mary Tjosvold는 《리더십의 심리학》에서 "리더는 조직의 거울"이라고 말한다. 리더가 아젠다를 설명하면서 시작하는 모습을 팀원들은 보고 배운다. 리더가 팀원에게 일하는 방법을 알려주는 긍정적인 행동인 것이다.

핵심 포인트

- 논의할 사항을 먼저 설명하면 원하는 결과를 얻는 데 도움이 된다.
- 업무의 방향을 명확하게 제시하는 데 도움이 된다.
- 팀원들의 일하는 방법에 긍정적인 영향을 준다.

1 on 1

지난번 미팅을 리뷰하라

1on1은 리더와 팀원이 업무의 진행상황을 공유하고 목표를 달성하기 위한 정기적이고 지속적인 미팅의 자리이다. 리더는 1on1을 통해 팀원이 성장할 수 있도록 코칭하고 피드백을 반복해야 한다. 따라서 1on1을 시작하기 전에 지난번 회의를 리뷰하는 것이 필요하다. 리뷰는 리더와 팀원에게 다음과 같은 도움을 준다.

첫째, 지난번 미팅에서 약속하고 계획했던 것이 무엇이었고, 그것이 얼마나 진행되었는지 알 수 있다.

팀원의 업무 진행상황을 살피고, 팀원의 행동에 대해 잘한 점은 칭찬과 인정으로 독려한다. 리뷰하는 과정에서 팀원은 본인의 행동과 성과를 명확하게 인식할 수 있으므로 동기부여가 강화된다.

리더 한 주 동안 많이 바빴죠? 지난번 미팅에서 이야기 나눴던 사항들이 어떻게 진행되었을까요? 조리식품 신제품 기획을 위한 시장조사를 하기로 했었죠?

팀원 네, 우선 동종업계에 종사하는 지인과 전문가를 통해 의견을 구해 보기로 했었고요. 동시에 관련 논문이나 학술자료, 트렌드 자료를 구해서 요약해 보기로 했었습니다. 전문가들은 비건 쪽으로 의견을 많이 주셨어요. 식물성 단백질이나 채식 위주의 식단이 앞으로 확대될 것 같다는 거죠. 여러 가지 트렌드 조사를 취합한 결과 3개의 단어로 요약할 수 있었어요. 건강, 웰빙, 채식입니다. 탄소배출을 최소화하기 위해 사료를 먹여서 키운 육류를 꺼리는 사람들이 늘어난다는 레포트도 여기 있습니다.

리더 좋은 정보네요! 수고했어요. 계획한 것 이상으로 조사한 자료가 충분한 것 같네요. 빅데이터 팀에 요청한 자료가 이번 주 나온다고 하니 우리가 조사한 자료와 빅데이터 팀 자료를 함께 크로스

체크해 보는 것도 좋겠어요. 얼마 전 식품박람회에 참여한 업체들의 업종 현황을 분석해 보면 좀 더 검증될 것 같고요. 조금 더 수고해 줘요.

둘째, 계획대로 진행되지 못한 경우에는 원인이 무엇인지 알 수 있다.

일을 하다 보면 항상 계획한 대로 진행되지 않는다. 이런 경우 리더가 팀원의 애로사항이나 장애물을 경청하고 공감해 줄 때 공동체의식이 생긴다. 열심히 했는데 잘 안 되는 경우도 있다는 것을 리더가 알아주면 팀원은 혼자가 아니라 리더와 함께 해결해 나간다는 것을 깨닫는다.

팀원 팀장님, 동종업계 전문가들에게 메일을 보내서 의견을 요청했는데, 회신이 3곳밖에 오지 않았어요. 10명 넘게 보냈는데요. 메일을 보낸 지 며칠 안 되기도 했지만 더 기다린다고 올 것 같지는 않네요.

리더 아, 그렇군요. 수고했는데 결과가 생각만큼 나오지 않아서 속상하겠어요. 괜찮아요. 다시 방안을 마련해 봅시다. 회신이 적게 온 이유는 뭐라고 생각해요?

팀원 제가 메일링을 할 때 매력적인 표현을 못한 것 같습니다. 그리고 너무 거창한 답변을 요구한 것 같아요.

리더 아무래도 메일을 받는 쪽에서는 회신할 만한 이유가 있어야 적극적으로 행동하겠죠.

셋째, 어떻게 해결방안을 찾을지 좀 더 깊이 있는 대화를 나눌 수 있다.

지난번 회의를 리뷰하면서 과거, 현재, 미래에 대한 해결방안을 자연스럽게 연결하는 대화가 가능하다.

리더 어떻게 하면 그 사람들이 답변해 줄까요? 좋은 아이디어가 좀 있을까요?

팀원 네, 팀장님. 회신을 주는 분들께 선물을 드리는 건 어떨까요? 우리 팀 예산으로 가능한 선에서 활용하는 거예요. 그리고 답변하기 쉽도록 우리가 원하는 포인트만 정리해서 다시 구성해 보면 어떨까 합니다.

리더 좋아요. 지금 이야기한 것을 한번 진행해 봐요. 일전에 비슷한 조사를 하면서 보낸 메일이 있을 거예요. 그걸 참고해 봐요. 시간을 아끼기 위해 예산 사용에 대해 별도 품의는 하지 않아도 돼요. 내가 팀 예산 사용계획을 정리하고 있으니까. 바쁘겠지만 다시 한 번 추진해 줘요. 대안까지 잘 마련해 주니 훨씬 수월하네요. 힘냅시다!

이렇게 1on1을 할 때 리뷰를 반복적으로 진행하면 과거부터 현재까지는 문제의 원인을, 현재부터 미래까지는 더 발전적이고 건설적인 방안을 찾도록 이끌 수 있다.

핵심 포인트

- 1on1은 연속성이 있어야 하므로 지난번 회의를 리뷰하면서 시작한다.
- 리뷰를 통해 계획했던 점과 진행상황을 알 수 있다.
- 계획 대비 실행의 문제점을 파악하여 개선할 수 있다.

1 on 1

하나라는 연대의식을 가지고 시작하라

1on1에서 지난번 미팅 내용을 시작으로 문제해결을 위한 대화를 하다 보면 항상 좋게만 흘러가지는 않는다. 가끔은 팀원이 올바른 생각을 하지 못하는 모습이 눈에 보인다. 이때 리더는 때로는 행동 '강화 피드백'을, 때로는 행동 '개선 피드백'을 하게 되는데, 여기서 중요한 것이 바로 '우리는 하나라는 연대의식one team spirit'을 가져야 한다는 점이다.

잘한 점을 인정하고 칭찬하는 강화 피드백은 별문제 없지만, 개선 피드백을 할 때는 '우리는 하나'라는 인식이 반드시 필요하다. 리더와 팀원 간에 연대의식이 없다면 리더가 개선 피드백을 해도 팀원에게 온전히 전달되지 않고, 자칫 잔소리로 들릴 수 있다. 반면 팀원이 공동체라는 연대의식을 가지고 있으면 나를 위해, 우리 팀을 위해 리더가 '개선 피드백'을 하고 있다고 받아들인다.

팀원이 공동체의식을 가지려면 리더가 먼저 공동체의식을 가지고 말과 행동을 해야 한다. 리더는 조직의 거울인 만큼 어떻게 행동하는가에 따라 팀원의 행동도 달라진다.

공동체의식이 있는 리더

수고했어요. 혼자 고민하지 말고 이런 경우 곧바로 팀장인 나와 선임 팀원에게 이야기해 줘요. 우리는 같은 목표를 가지고 해결하는 한 팀이니까요. 그럼 지금의 문제를 어떻게 해결하는 게 좋을지 함께 이야기해 봅시다.

공동체의식이 없는 리더

지금의 문제는 업무의 담당인 본인이 해결했어야죠! 다른 사람이 해결해 줄 거라고 생각하면 안 되죠. 나한테까지 보고가 올라오는 것 자체가 문제입니다.

팀원은 리더의 말과 행동에 따라 공동체의식을 가지게 된다. 리더로서 내가 평소에 얼마나 팀원들에게 공동체의식을 느끼는 말과 행동을 했는지 진단해 보자.

자기진단 TEST >>>

자기진단	예	아니오
1. 우리 팀은 공동의 목표가 무엇인지 알고 있습니다.		
2. 우리 팀은 공동의 목표를 위해 일하고 있습니다.		
3. 우리 팀은 목표 달성을 위한 공동의 KPI가 있습니다.		
4. 조직의 성과는 팀원들의 역량이 모여서 만들어집니다.		
5. 혼자 고민하지 않고 함께 해결해 나갑니다.		
6. 내가 하는 일이 팀원에게 어떤 영향을 주는지 알고 있습니다.		
7. 다른 팀원의 업무 협조에 적극적으로 도움을 줍니다.		
8. 팀의 공동 업무에 대해 관심을 가지고 있습니다.		
9. 다른 팀원의 업무 협조에 대해 감사함을 표현합니다.		
10. 우리는 팀이라는 연대성을 가지고 있습니다.		

＊ 10개 중 몇 개를 사용하나요?

8개 이상 : 공동체의식이 강합니다.

6개 이상 : 가능성이 보입니다.

6개 미만 : 공동체의식을 보완할 필요가 있습니다.

1on1을 할 때는 팀원이 공동체의식을 느낄 수 있도록 대화하는 것이 필요하다. 팀원은 일하는 방식과 조직의 비전을 받아들이기 이전에 리더를 먼저 받아들인다. 따라서 리더가 나의 편, 조력자라는 생각을 먼저 팀원에게 심어 주는 것이 중요하다.

핵심 포인트

- 1on1은 하나의 팀이라는 마음으로 시작한다.
- 팀원이 공동체의식, 연대의식을 느낄 수 있도록 한다.
- 리더는 평소에 공동체의식을 느낄 수 있도록 말하고 행동한다.

1 on 1

리더의 기분과 행동을 분리하라

1on1은 팀이 가진 공동의 목표를 달성하는 것 외에 팀원을 성장시키는 데 큰 의미가 있다. 리더가 팀원의 성장에 관심을 가지고 대화를 시작한다는 점에서 1on1은 기존의 1:1 면담과 다르다는 점을 기억해야 한다.

리더는 팀원의 성장을 위해 존중하는 마음으로 미팅을 시작하자. 존중은 상대방을 높이고 귀하게 여기는 것이다. 팀원의 성장을 위해 팀원을 귀하게 여기고 진심을 다해 미팅을 해야 한다.

1on1을 진행하면서 팀원의 말과 행동을 성급하게 판단하지 말아야 한다. 리더가 듣고 싶은 말만 오간다면 좋겠지만 업무를

하다 보면 리더의 입장에서 마음에 들지 않은 일도 있다. 이때 리더가 기대하는 행동을 하지 못했더라도 팀원의 행위와 인격을 분리해서 생각해야 한다. 즉, '기분이 태도가 되지 않도록' 주의한다. 팀원은 리더의 감정에 민감하다. 리더에게 보고도 해야 하고, 결재도 받아야 하며, 앞으로 어떻게 해야 할지 방향을 제시해 달라고 부탁도 해야 한다. 그런데 리더의 기분이 태도로 연결되면 팀원은 리더의 감정을 살피느라 솔직하게 이야기를 나누기 어렵다.

A팀원 혹시 지금 팀장님 기분이 어떤 것 같아?

B팀원 별로 좋아 보이지 않아. 아침에 상무님께 지적받으신 것 같아!

A팀원 아 그래? 그럼, 내일 보고해야겠다. 급한데 어떡하지? 그래도 욕먹는 것보다는 낫겠다. 내일 해야지!

A팀원 혹시 상무님 아침에 기분 어떠신 것 같아?

B팀원 대표님하고 심각한 대화를 하시는 것 같았어. 표정이 별로셔!

A팀원 아, 그래. 오후에 다시 한 번 좀 살펴줘!

B팀원 그래, 상무님 기분 좋으실 때 연락 줄게!

1on1의 기본은 상대에 대한 존중이다. 팀원은 리더의 표정과 목소리를 통해 리더의 기분을 살핀다. 그런데 정작 리더는 스스로의 기분을 잘 알지 못한다. 그래서 리더는 1on1에 참여하기 전에 마음을 가다듬는 것이 필요하다. 잠깐이라도 업무에 대해 전체적인 내용을 조망해 보는 것이 도움이 된다. 어떤 것을 좀 더 강화하면 될지, 팀원과 함께 풀어 나갈 항목은 무엇인지 객관적으로 점검한다. 이처럼 1on1에 앞서 리더가 공동의 목표를 달성하기 위해 팀원이 실행해야 할 목록을 점검한다면 개인적인 감정은 확연히 줄어든다.

핵심 포인트

- 1on1은 팀원의 성장에 관심을 갖는 자리다.
- 1on1에서는 팀원의 말을 성급하게 판단하지 말아야 한다.
- 리더의 감정이 태도가 되지 않도록 기분과 행동을 분리한다.

2장

원만한 관계 형성이 필요하다

#분위기_조성
#공감
#가치관의_차이
#신뢰
#강점_약점
#경청
#심리적_안전감
#관계의_시대
#칭찬
#협력

미팅 분위기를 조성하라

1on1이 시작되면 리더는 팀원이 미팅에만 집중할 수 있도록 분위기를 조성해 주어야 한다. 이를 위한 몇 가지 방법을 소개한다.

첫째, 리더는 바쁜 모습을 보이지 말아야 한다.

리더가 바빠 보이면 팀원은 하고 싶은 말을 제대로 하지 못한다. 리더가 시간에 쫓기는 모습을 보이면 팀원은 꼭 해야 할 말이 있어도 입을 닫는다. 그러면 1on1의 의미가 없어진다.

리더 미안하지만 내가 오늘 일정이 좀 바빠서 그런데, 간단히 할 수 있을까요? 핵심만 말해 줘요.

리더 그건 지난번에 들은 거니까, 앞으로 어떻게 할 것인지만 간단하게 설명해 줘요. 곧 나가 봐야 하거든요.

팀원 팀장님, 시간이 별로 없으신 것 같은데, 메일로 드릴까요? 메일 보시고 피드백 주시는 게 어떨까요?

리더가 시간이 없다고 이야기하면 팀원은 리더에게 맞추려고 한다. 보고는 글로 해야 할 것이 있고 말로 해야 할 것이 있다. 말로 보고하면 문제의 심각성이나 상대방의 입장을 빠르게 인식할 수 있다. 리더가 바쁘다고 하면 팀원의 생각을 제대로 들을 기회를 놓치게 되는데, 부득이하게 갑자기 바쁜 일이 생겼다면 다음과 같이 말해 보자.

리더 그렇군요. 요약해서 이야기해 줘서 고마워요. 그런데 혹시 내가 놓치거나 꼭 해결해야 하는 부분이 있나요? 그 부분은 간단히 정리해서 메일로 주면 좋겠어요. 업무를 추진하면서 걸림돌이 되거나 필요한 부분이 있으면 주저하지 말고 말해 주세요.

1on1의 핵심은 리더와 팀원이 공동의 목적을 달성하기 위해 서로의 이슈를 공유하고 문제를 해결해 나가는 과정이다. 더불어 팀원의 성장을 위해 리더가 함께 고민하고 조언해 주는 시간이다. 따라서 리더는 팀원의 문제를 함께 인식하고 팀원의 성장을 위해 도움을 주는 조력자의 모습을 보여 주어야 한다.

둘째, 리더와 팀원의 자리는 180도나 90도 방향으로 서로 마주 보는 것이 좋다.

180도로 마주 보는 형태는 공식적인 느낌을 주는 장점이 있으나 어떤 경우에는 팀원을 질책하거나 조사하는 듯한 느낌을 줄 수 있다. 그보다는 90도로 가까이에서 마주 보고 이슈에 대해 논의하는 방법을 추천한다.

180도 면담 형태　　　　90도 면담 형태

셋째, 스마트폰이나 노트북의 각종 알림은 집중력을 무너뜨리고, 준비 부족이나 무성의한 느낌을 준다.

대화 중에 스마트폰이 울리거나 메일 알림 소리가 나면 주의가 분산되게 마련이다. 외부의 소음도 마찬가지다. 외부에서 소리가 들리면 정신이 분산되어 상대의 이야기를 명확하게 듣기 힘들다. 미팅을 할 때는 오롯이 서로의 이야기에 집중할 수 있는 분위기를 만들어야 한다.

핵심 포인트

- 리더는 미팅 중에 쫓기는 듯한 느낌을 주지 않는다.
- 90도로 마주 앉아서 미팅을 진행하는 것이 좋다.
- 스마트폰 알림이나 창밖의 소음이 들리지 않게 한다.

1 on 1

충분히 경청하라

리더는 팀원의 말을 경청해야 한다. '듣기'와 '경청'은 다른 것이다. '듣기'는 내 입장에서 상대방의 말을 듣는 것이고, '경청'은 상대방의 생각과 의도를 파악하면서 듣는 것이다. 리더는 팀원의 감정과 본심을 파악하면서 적극적으로 들어야 한다.

경청이 중요한 이유는 팀원이 존중과 배려를 받고 있다고 느낄 수 있기 때문이다. 경청을 통해 팀원의 자존감이 높아지고 더 솔직하게 말할 수 있는 자신감을 가지게 된다.

경청은 사람들의 마음 깊이 있는 생각까지 끄집어내는 놀라운 효과가 있다. 회사에서 고민이 있거나 동료와 상사 때문에 힘든 일이 있을 때 친구들이 진심으로 경청해 주면 속 깊은 이야기까지 털어놓는다. 상대방이 잘 들어주면 무의식적으로 '이 사람은 진심으로 나를 걱정해 주고 있구나' '내 말에 관심을 가져주는구나'라고 느끼면서 말하지 않으려고 했던 내용까지 말하게 된다. 이것이 경청의 힘이다.

경청은 타인의 마음의 문을 여는 기술이다. 1on1에서 경청하는 방법은 다음과 같다.

첫째, 최대한 팀원에게 집중한다.

스마트폰은 무음으로 하고 노트북은 접어 두고 팀원의 말에 최대한 집중한다. 팀원의 말을 들으면서 다른 생각은 하지 않으려고 노력하고 팀원과 눈을 맞추면서 듣는다.

둘째, 질문을 통해 충분히 이해한다.

이야기를 듣다 보면 놓치는 부분이 있을 수 있고 더 깊이 있는 내용이 필요할 수도 있다. 그때는 "좀 더 자세히 설명해 줄 수 있나요?" "그 상황에서 어떤 부분이 가장 힘들었나요?"와 같은 질문을 통해 상대가 말하는 내용을 완전히 숙지한다.

셋째, 중간중간 내용을 요약하며 확인한다.

팀원의 이야기를 들으면서 중간중간 요약하며 확인하는 것이 좋다. "지금 오 선임이 B 부분에서 어려움을 겪고 있다는 거죠?"와 같이 팀원의 말을 정리해서 전달하면 팀원은 자신의 말이 잘 전달되고 있다는 것을 인지할 수 있다. 잘못 이해하고 있다면 제대로 듣고 다시 수정해서 이야기한다.

넷째, 팀원의 이야기를 판단하지 않는다.

사람들은 누구나 자기만의 틀을 가지고 있다. 그 틀을 벗어나려고 노력하지 않으면 선입견을 가지게 된다. 똑같은 이야기를 들어도 생각의 틀에 따라 다르게 받아들이는 것이다. 그러나 경청을 하려면 평소 팀원에 대해 어떤 선입견을 가지고 있었는지는 배제하고 대화를 나누는 것이 중요하다. 팀원의 이야기를 들으면서 판단하거나 비난해서는 안 된다. 팀원의 말을 그대로 받아들이고 공감하는 자세를 보여주어야 한다.

핵심 포인트

- 팀원이 존중받고 있다는 것을 느낄 수 있도록 경청한다.
- 질문을 통해 팀원의 생각을 충분히 이해한다.
- 그 자리에서 성급하게 팀원을 판단하지 않는다.

공감을 표현하라

경청과 함께 리더에게 필요한 것이 공감이다. 공감은 팀원과 소통을 이어가는 데 있어 중요한 리더의 역량이다. 1on1에서 공감하는 방법을 알아보자.

첫째, 팀원의 감정을 이해한다.

팀원의 말 속에 담긴 감정을 이해하려고 노력한다. 경청하면서 팀원의 감정에 공감하는 말을 해도 좋다. 이때 "어려운 상황이었을 거 같네요" "지금 들어 보니 ○○○님과 협업하기가 무척 힘든 것 같네요"와 같이 팀원의 마음을 이해하는 대화가 필요하다.

둘째, 공감을 표현한다.

고객이 클레임을 제기했을 경우를 생각해 보자. 고객의 입장도 있겠지만 상식에 어긋나는 무리한 요구를 해서 팀원이 매우 불편한 상황이었다. 팀원이 팀장에게 찾아와 클레임을 제기한 고객의 무례한 행동에 대해 보고했다. "팀장님, 고객이 사용한 제품을 영수증도 없이 무작정 교환해 달라고 떼를 쓰는 바람에 어려움이 있었습니다." 이때 팀장은 "그 상황이라면 나라도 그랬을 것 같아요. 고객의 무리한 요구에 대해 불편한 감정을 느끼는 것도 당연하다고 생각합니다"와 같이 팀원의 감정에 공감하는 표현을 사용한다.

셋째, 내가 겪었던 경험을 공유한다.

리더도 비슷한 경험을 했다면 "나도 비슷한 일을 겪어봐서 어떤 상황인지 충분히 알겠어요"와 같이 간략하게 이야기해 주면 공감을 전달할 수 있다.

넷째, 어려움에 대해 지지한다.

"어떤 기분인지 충분히 알겠어요. ○○○님과 관계가 개선될 수 있도록 함께 고민해 봅시다"와 같이 팀원이 겪고 있는 어려움을 함께 해결하고 싶다는 마음을 전달한다.

상대방의 생각과 달라도 충분히 공감할 수 있다. 공감은 최대한 상대방의 입장에서 생각해 보려고 노력하는 자세이다. 팀원과 생각이 다르더라도 마지막까지 경청한 후에 자신의 생각을 말하면 된다. "그 입장에서는 충분히 그럴 수 있어요. 그런데 나는 한편으로 이런 생각이 드네요." 그러면 팀원은 리더가 자신을 배려하고 존중하고 있다고 생각할 것이다. 타인을 배려하면서 말하는 것이 바로 공감이다.

1on1에서 모든 문제를 바로 해결할 수는 없다. 리더가 즉각적으로 해결책을 제시하기보다 먼저 팀원의 이야기를 충분히 듣고 함께 해결책을 찾기 위해 노력하는 것이 중요하다. 리더가 팀원과 대화할 때 경청과 공감만 잘해도 1on1의 절반은 성공이라고 할 수 있다.

핵심 포인트

- 공감은 팀원의 감정을 이해하는 것이다.
- 공감하고 있다는 것을 표현한다.
- 유연함을 가지고 공감하면 1on1의 절반은 성공한 것이다.

1 on 1

팀원의 심리적 안전감을 높여라

과거에는 두려움이 조직의 성과 창출에 효과적이었던 때가 있었다. 하지만 지금은 뷰카의 시대이다. 뷰카VUCA : Volatility, Uncertainty, Complexity, Ambiguity는 변동성이 크고 불확실하며 복잡하고 모호하다는 뜻이다. 뷰카의 시대에는 리더의 지시만으로 문제를 해결할 수 없다. 리더는 팀원의 진정한 대화와 참여를 이끌어 내는 것이 필요하다.

그런데 팀원이 리더와의 1on1을 부담스러워하거나 불편해한다면 진정한 대화를 나눌 수 없다. 그래서 리더가 특히 신경써야 할 부분이 바로 '심리적 안전감'이다. 팀원이 할 말을 제대로 하지 못하고 말하기를 부담스러워한다면 심리적 안전감을 느끼지 못했기 때문이다. 팀원이 심리적 안전감을 가지고 미팅에 참여할 수 있어야 의미 있고 지속적인 1on1이 가능하다.

하버드경영대학원의 에이미 에드먼슨Amy C. Edmondson 교수는 《두려움 없는 조직》에서 '심리적 안전감'을 강조했다. 조직 구성원들이 심리적으로 안전하다고 느낄 때 비로소 창의적인 아이디어를 내고, 새로운 시도를 할 수 있다는 것이다. 심리적 안전감이 높은 조직은 구성원들이 서로 존중하고 신뢰하는 가운데 개방적인 소통이 활발하게 이루어진다.

사람들에게 창의적인 생각과 행동을 빼앗는 가장 효율적인 방법은 심리적으로 두려움을 느끼게 하는 것이다. 리더가 두렵고 무섭고 얼굴을 마주 보기가 불편한 상대라면 팀원에게는 1on1 자체가 너무 싫은 미팅이 된다. 이처럼 팀원이 심리적 안전감을 느끼지 못한다면 적극적인 참여를 기대하기 어렵기 때문에 리더는 자신과 함께 일하는 팀원이 불안감을 느끼지 않는지 잘 살펴봐야 한다.

리더가 팀원에게 심리적 안전감을 주는 행동과 불안감을 주는 행동은 다음과 같다.

리더가 심리적 안전감을 주는 행동	리더가 심리적 불안, 두려움을 주는 행동
1. 밝고 부드러운 표정	1. 상기되고 경직된 표정
2. 차분하면서 정중한 목소리	2. 공격적이고 지적하는 목소리
3. 귀 기울여 경청	3. 듣고 있으니 말해 보라는 태도
4. 공감하는 끄덕임	4. 동의할 수 없다는 고개 저음
5. 미래에 대한 관심	5. 과거에 대한 지적

정리해 보면 쉽게 다가갈 수 있는 친근한 리더여야 팀원이 심리적 안전감을 가지고 1on1을 효과적으로 진행할 수 있다. 불편하고 어렵고 가까이하기 싫은 리더, 생각하기도 싫은 리더와는 제대로 된 1on1을 하기 어렵다.

리더가 팀원에게 심리적 안전감을 주려면 '열린 마음'을 가지고 자기의 독단을 내려놓을 필요가 있다. 리더의 독단적인 잣대로 팀원이 왜 그랬는지, 무엇이 잘못인지를 따진다면 개선이나 성장을 기대할 수 없다. 리더가 모든 영역을 다 알 수 없고, 리더의 경험만으로는 요즘 시대에 100% 정답을 내리기 어렵다.

리더가 열린 마음을 가져야 팀원의 이야기를 경청하면서 문제를 함께 해결할 수 있다. 리더는 조력자로서 어떻게 해야 할지에 초점을 맞춰 대화해야 한다.

가치관의 차이를 수용하라

기업에 핵심가치가 있듯이 개인에게도 가치관이 있다. 기업이 중요하게 여기는 핵심가치는 그 안에서 일하는 다양한 사람들의 행동기준이 되며, 리더가 의사결정을 할 때도 중요한 기준으로 작용한다. 개인도 마찬가지다. 저마다 다른 상황에서 성장하며 학습된 가치관과 그에 따른 사고방식이 있다.

가치관은 어떤 것을 더 중요하게 생각하는 바탕이 되고, 삶에서 추구하는 목표나 이상의 근본이 되는 태도를 의미한다. 사고방식은 어떤 문제나 상황에 대해 접근하고 해결하려는 방법을 의미한다. 따라서 리더는 팀원과 가치관과 사고방식이 다르다는 점을 인식하고 수용해야 한다. 그래야 제대로 된 1on1이 가능하다.

팀원과 가치관이 다를 때는 일의 속도, 일의 방향, 일을 풀어나가는 방법에 차이가 발생한다. 느긋하게 일하는 팀원에게 리더는 빨리 처리하라고 재촉할 수 있다.

리더 보고서를 언제 볼 수 있나요?

팀원 내일 회의 전에 드릴게요.

리더 회의가 내일인데 오늘 내가 봐야 하는 거 아닌가요?

팀원 출장을 다녀오는 바람에 늦어졌어요.

리더 출장에서 돌아오는 길에 처리할 수는 없었나요?

팀원 그래서 제가 회의 일정을 늦춰 달라고 말씀드렸는데요.

반대로 리더는 느긋한데 팀원이 재촉하는 경우도 있다. 빨리 결재를 해주어야 다음 일을 진행할 수 있는데, 리더는 급할 거 없다는 식이다.

팀원 팀장님, 이거 빨리 결재해 주셔야 다음 일을 진행할 수 있어요.

리더 올려놔요. 검토하고 결재할게요.

팀원 팀장님 오늘 반차이시잖아요?

리더 그러니까 내일 결재하면 되죠.

팀원 한시가 급한 상황이라서요!

일의 방향에서도 차이가 난다. 팀장은 직접적으로 문제를 풀어 나가자고 하고, 팀원은 우회하는 방법을 제안한다.

팀원 거래처에서 가격을 올리는 것에 대해 불만이 많습니다. 가격을 올리는 대신 한시적으로 판촉물을 증정하는 건 어떨까요?

리더 어차피 조삼모사 아닌가요? 가격 인상을 왜 안 받아들이죠? 올리는 것에 반대하는 거래처 리스트를 뽑아서 올려줘요.

리더와 팀원의 가치관 차이는 다음과 같은 상황을 만들기도 한다. 리더는 차근차근 단계적으로 풀어 나가려 하는데, 팀원은 한 번에 해결하려고 한다.

리더 이번 가격 인상은 거래처 반발이 많을 경우 순차적으로 적응하도록 프로모션을 함께 진행합시다. 일시적으로 장려금 규모를 확대하고 투입하는 거예요.

팀원 그러다 다음번 장려금 규모를 줄이면 가격 인상에 대해 또 불만이 생길 겁니다. 힘들더라도 곧바로 가격 인상에 들어가는 게 나아요.

일을 풀어 나갈 때도 주도적으로 해결해 나가는 리더가 있고, 주변 부서와 상급자의 도움을 받아서 해결하는 리더가 있다. 단기적으로 문제를 빠르게 해결해 나가는 리더가 있는 반면, 장기적으로 문제를 해결해 나가는 리더가 있다. 모두 가치관과 사고방식의 차이에서 발생하는 것이다.

1on1에서 리더는 팀원이 어떤 가치관을 가지고 있는지 파악해야 한다. 그리고 리더와 팀원의 가치관이 서로 다르다는 것을 받아들여야 문제해결 중심의 대화를 나눌 수 있다.

켄터키대학교 경영대학원의 코 쿠와바라Ko Kuwabara 교수는 직장 내 관계 구축과 관련한 연구에서 "성장 마인드를 가진 사람들이 주변 사람들과 케미(사람들과 잘 맞는 관계)가 좋고 잘 어울린다"고 말한다. 그리고 이런 사람들은 '케미'를 넘어서는 의도적인 노력과 헌신을 한다고 설명했다.

팀원의 가치관과 사고방식이 다양해지면서 관리를 넘어 관계를 중시하는 분위기로 점점 더 진화하고 있다. 코 쿠와바라 교수의 말처럼 리더는 1on1에서 의도적으로 팀원과의 차이를 인정하고 존중하는 생각과 태도가 필요하다. 리더도 팀원과 나누는 대화를 통해 새로운 것을 배우는 기회로 활용하는 것이다. 관점과 가치관이 서로 다른 질문과 답변이 오가면서 그 차이가 줄어들고, 리더와 팀원이 함께 공동의 목표를 달성할 수 있다.

핵심 포인트

- 가치관은 개인이나 기업에게 목표나 이상의 근본이 된다.
- 기업의 핵심가치는 의사결정과 행동의 기준이 된다.
- 리더는 팀원과 가치관의 차이를 인정하고 존중하는 것이 필요하다.

1 on 1

관리의 시대에서 관계의 시대로 나아가라

아직도 팀원과의 1on1이 꼭 필요한지 의구심을 가지는가? 리더가 필요할 때마다 지시하면 되는 거 아닌가 하는 생각을 가지고 있다면 관점을 바꿔야 한다.

하버드경영대학원의 빌 조지Bill George 교수는 "성공하는 리더는 코치다. 리더도 세대 교체가 되었고, 리더십의 방식도 바뀌었다. 리더는 베이비붐 세대, X세대, 밀레니얼 세대, Z세대로 바뀌었고, 리더십의 스타일도 통제와 관리에서 소통과 코치로 바뀌었다"라고 말한다. 이제는 관리의 시대에서 관계의 시대로 나아가고 있는 것이다.

관리형 리더	관계형 리더
1980년~1990년대 리더십 형태	2010년~현재 리더십 형태
했나, 하지 않았나(Did, Didn't)에 관심	왜, 어떻게(Why, How to)에 관심
지시하는 것에 익숙	요청하는 것에 익숙
일방적이고 수직적 관계	양방향이고 수평적 관계
결과를 중심으로 피드백	과정을 중심으로 피드백
1대다(多) 회의 선호	1on1 선호

1990년대까지는 전형적인 관리형 리더십이 유행하던 시기였다. 2000년대가 되어서야 수평적 커뮤니케이션에 대한 관심이 확장되어 갔다. 이때부터 직장에서 직급이 아닌 '○○님'이라고 부르는 기업들이 늘어났다. 그리고 2010년 이후부터 본격적으로 수평적 구조와 관계형 리더십이 강조되며 1on1이 관심을 받게 되었다.

관리형 리더는 팀원과의 미팅에서 계획한 것을 '했나' '하지 않았나' 하는 실행 여부에만 관심을 둔다. 따라서 소통이 일방적이고 수직적일 수밖에 없다. 지시하면서 결과만을 강조하다 보니 여러 사람을 모아놓고 하는 미팅이 편하다.

관계형 리더는 현재를 파악하고 앞으로 문제를 어떻게 해결할 것인가에 중점을 둔다. 팀원과 소통할 때는 일방적이지 않고 양방향을 선호한다. 과정을 제대로 관리해야 결과가 좋다는 것을 알기 때문에 평소에 지시보다는 요청을 하며 팀원이 스스로 문제를 해결하도록 한다. 그렇다 보니 리더와 팀원 간에 수평적인 관계가 유지되고 1on1이 자연스럽다.

핵심 포인트

- 리더의 세대도 바뀌었고, 리더십의 방식도 바뀌었다.
- 성공하는 리더는 코치형 리더이다.
- 관계를 중요시하는 코치형 리더로 변화해야 한다.

1 on 1

잘할 수 있다는 확신을 심어 줘라

1on1에서 리더는 팀원에게 맡은 일을 잘해 낼 수 있다는 자신감과 확신을 심어주어야 한다. 팀원은 열심히 일하면서도 '노력한다고 해서 잘할 수 있을까?' '리더가 뭐라고 지적하면 어떡하지?'라는 고민을 한다. 그 때문에 리더와의 1on1이 부담스러운 경우가 많다. 그렇다면 팀원에게 잘해 낼 수 있다는 확신을 주는 방법은 무엇이 있을까?

첫째, 팀원이 본인의 강점을 활용하도록 한다.

리더는 평소 팀원에게 어떤 장점이 있는지를 파악하고, 이를 바탕으로 1on1에서 이야기해 준다. 팀원은 본인의 강점을 리더가 언급하는 것만으로 상당한 동기부여를 받는다. 자신의 강점을 리더가 객관적으로 인정해 주는 것이므로 업무에 대한 자신감을 가지게 된다.

리더 이 선임님은 원래 데이터 정리를 아주 깔끔하게 잘하잖아요. 이번에도 그와 같은 방법으로 준비하면 좋겠어요.

리더 김 선임님은 사내에 전파해야 할 캠페인 홍보를 맡아 주세요. 지난번에도 홍보를 꼼꼼하게 잘했다고 주변에서 인정하더라고요.

둘째, 팀원이 결과보다 과정에 집중하도록 한다.

리더는 팀원의 업무를 점검하고 관리하면서, 좋은 성과를 낼 수 있도록 코칭하고 조력하는 역할이다. 리더가 과정을 중심으로 관리하면 팀원은 책임감을 가지고 업무에 집중한다. 리더가 결과를 중심으로 관리하면 팀원은 소통을 등한시하면서 결과만 좋으면 된다고 생각한다. 리더의 눈치를 보느라 제대로 된 상황 설명과 대화가 이루어지지 않고 자신에게 불리한 것들을 숨기려고 한다.

리더 이 선임님, 자신감을 가지고 추진해 보세요. 결과는 너무 걱정하지 마세요. 우리가 계획한 것에 집중해서 진행한다면 좋은 결과가 나올 거예요.

리더 저는 결과에 대해서는 지적하고 싶지 않아요. 다만 우리가 계획하고 약속한 것들은 꼭 실행해야 한다고 생각해요.

셋째, 실수할 수 있다는 점을 알게 한다.

업무를 하다 보면 100% 성공할 수는 없다. 어느 정도 리스크가 따르게 마련이다. 팀원에게 실수할 수도 있다는 점을 이야기해 주어야 한다. 리더가 실수를 너그럽게 받아들이면 팀원은 '심리적 안전감'을 가지고 일을 추진할 수 있다.

팀원 다음 달 판매 계획을 너무 소극적으로 잡은 것 같아요. 예상보다 재고물량이 빨리 소진되고 있는 걸 보면 판매량 예측에서 실수가 있었습니다.

리더 일하다 보면 누구나 실수할 수 있어요. 다만 같은 실수를 두 번 다시 하지 않도록 합시다. 판매량 예측에 대해서는 담당자로서 어떤 부분을 보완해야 하는지 점검해 보세요. 그리고 부족한 재고물량은 공장장님께 추가 생산을 요청해 보죠.

리더가 실수를 받아들이는 분위기를 만들어 주면 팀원은 다시 도전할 수 있는 의지를 갖게 된다. 그렇다고 팀원의 실수를 장려하자는 것은 아니다. 실수도 배우고 성장할 수 있는 기회가 된다는 점을 알아야 한다. 이것은 리더와 팀원의 관계를 형성하고 강화하는 데 좋은 방법이다.

핵심 포인트

- 팀원이 본인의 강점을 알고 활용할 수 있도록 격려한다.
- 결과보다 과정에 관심을 두고 업무에 집중하게 한다.
- 실수할 수 있다는 점을 인정하는 리더십이 필요하다.

1 on 1

신뢰를 느끼게 하라

1on1에서는 무엇보다 리더의 신뢰가 필요하다. 전미대학체육협회 소속 농구팀 30개를 대상으로 실시한 연구에서, 리더에 대한 선수들의 신뢰가 동료 선수에 대한 신뢰보다 팀의 성공에 더 중요하다는 결과가 나타났다. 선수가 코치를 신뢰하는 팀은 코치를 신뢰하지 않는 팀보다 승률이 7% 더 높았다. 그리고 코치에 대한 신뢰도가 가장 높은 팀이 최고의 승률을 기록했다.

호텔을 대상으로도 비슷한 연구가 진행되었다. 그 결과 리더에 대한 팀원의 신뢰가 팀원의 업무성과와 전반적인 업무만족도, 조직 헌신에 긍정적인 영향을 끼치고, 리더에 대한 신뢰가 높을수록 호텔의 연간이익이 높아진다는 사실이 밝혀졌다.

그렇다면 1on1에서 신뢰의 의미는 어떤 것일까? 신뢰는 상대방을 믿고 의지할 수 있다는 의미다. 상대방이 나에게 도움이 되거나, 최소한 피해를 주지 않을 것이라는 믿음을 가지고 그에 따라 행동할 수 있는 것이 신뢰이다.

그럼 어떻게 해야 상대방을 믿고 의지할 수 있을까? 방법은 의외로 간단하다. 신뢰는 상대방에 대해 예측 가능할 때 생기고, 예측은 말과 행동이 일치할 때 가능하다.

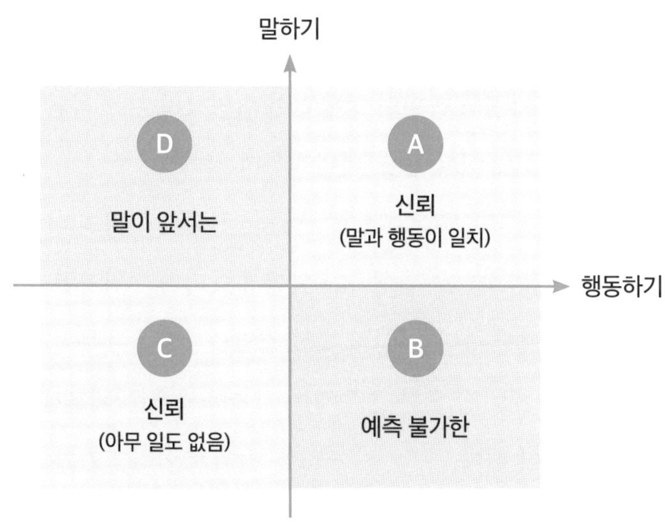

리더에 대해 신뢰할 수 있는 영역은 A분면과 C분면이다. A분면은 말과 행동이 일치하는 것으로, A분면에 있는 리더는 1on1을 제대로 이끌 수 있다. 리더의 말과 행동이 일치하기 때문에 팀원이 믿고 참여하는 것이다. C분면도 신뢰가 있지만 실제 비즈니스 상황에서는 일어나지 않는 영역이다.

D분면과 B분면은 말과 행동이 일치하지 않는다. D분면은 말은 하되 행동하지 않는다. 리더가 1on1에서 약속한 것들을 실행할지 믿을 수 없는 것이다. 문제를 함께 해결해 나가리라는 것을 믿을 수 없다면 팀원으로서는 최악의 리더이다. 말을 해놓고 행동하지 않으니 믿고 따를 수 없다. B분면은 리더가 팀원에게 업무와 관련해서 어떤 상황인지 설명하지 않고 독단적으로 행동하는 유형이다. 결코 바람직하지 않다.

1on1을 성공적으로 진행하기 위해서는 리더가 약속한 것을 철저하게 지켜야 한다. 예상치 못한 경영환경이나 내부적인 변화로 약속을 지키지 못한 경우에는 그 이유를 납득할 수 있게 설명해 주어야 한다.

1 on 1

칭찬을 미루지 마라

1on1에서 리더는 칭찬을 미루지 말고 자주 표현하는 것이 좋다. 1on1은 팀원에게 아무래도 부담이 될 수밖에 없다. 이때 칭찬은 팀원의 부담감을 줄여 주는 효과가 있다. 칭찬은 단순히 상대방의 기분을 좋게 하는 것을 넘어, 긍정적인 효과를 가져다주고 관계를 발전시키는 데 중요한 역할을 한다. 1on1에서 칭찬을 해야 하는 이유는 다음과 같다.

첫째, 칭찬은 동기부여를 한다.

칭찬은 팀원에게 자신감을 심어주고, 목표 달성을 위한 의지를 북돋운다. 특히 구체적인 행동이나 성과를 언급하면서 칭찬하면 더욱 효과적이다.

> **리더** 최근 프로젝트에서 아주 훌륭한 결과를 냈더군요. 특히 데이터 분석 부분에서 뛰어난 역량을 보여줬어요. 자칫 모르고 지나갈 수 있는 부분을 정확히 파악하고 시사점을 도출했어요.
>
> **리더** 이번 사업계획에서 자료 준비에 신경을 많이 썼더군요. 특히 우리 팀의 전년도 성과를 보기 좋게 잘 정리했어요. 이를 바탕으로 올해 사업계획에 반영할 수 있도록 합시다.

둘째, 칭찬은 동기부여뿐 아니라 리더와 관계를 형성하고 구축하는 데 도움이 된다.

리더가 칭찬해 주면 팀원은 다음번에도 잘하고 싶은 생각이 든다. 아무래도 칭찬을 잘하는 리더에게 마음이 더 가게 마련이다. 특히 1on1을 함께하는 팀원이 Z세대라면 칭찬에 인색하지 말고 작은 칭찬을 자주 하는 것이 좋다. Z세대는 갓생God生을 원한다고 한다. 갓생은 '신과 인생'을 조합한 말로 매일 계획을 세워 성실하게 살아가는 것을 의미한다. 예를 들어 앱으로 건강관리를 하면서 알차고 성실하게 열심히 하루를 사는 것에 대해 즉

각적인 칭찬을 해주기 바란다.

'오늘 ○○○님 잘했어요. 하루 루틴을 완벽히 해냈군요!'

'연속 10일 달성하셨네요. 메달을 드립니다!'

앱에서 주는 메달이나 보상은 아니지만, Z세대는 이러한 칭찬과 보상에 익숙하다. 회사에서 원대한 꿈을 가지고 열심히 해서 10년, 20년 후에 팀장이 되고 임원이 되겠다는 목표는 차치하고, 당장의 인정과 칭찬을 받고 싶어 한다. 하루하루를 열심히 살아가려고 노력하는 Z세대와 함께 일할 경우에는 1on1에서도 이런 사소한 것들을 알아주는 것이 중요하다.

핵심 포인트

- 칭찬은 관계를 발전시킨다.
- 칭찬은 팀원에게 동기부여를 준다.
- 칭찬은 리더와 팀원의 관계에 긍정적인 영향을 준다.

1 on 1

팀원의 강점과 약점을 파악하라

1on1은 성과를 내기 위한 미팅이다. 성과를 내면서 동시에 팀원의 성장에 도움이 되어야 한다. 그렇다면 리더는 성과를 내기 위해 팀원의 강점을 강화해야 할까, 약점을 보완해야 할까?

일반적으로는 강점을 강화해야 한다는 관점이 많다. 강점을 강화해야 차별화가 이루어진다는 주장이다. 약점을 보완하면 상향평준화가 될 뿐이므로 강점을 강화해야 차별화되어 성과를 낼 수 있다는 것이다. 팀원이 자신의 강점을 더 많이 살려야 앞으로 조직에 더 많이 기여할 수 있다.

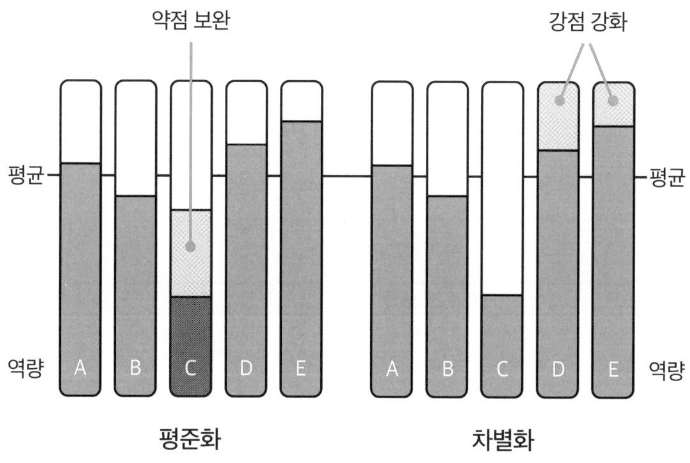

팀원의 강점을 강화하면 팀원은 쉽게 따라온다. 문제해결을 위해 어려운 도전도 마다하지 않는다. 본인의 강점을 활용하기 때문에 익숙하고 그만큼 빨리 해결할 수 있어서 효율적이다. 이 경우 리더가 팀원에게 동기부여를 하기에도 좀 더 수월하다.

리더 이 선임님, 사업계획서를 준비해야 하는데 엑셀은 이 선임님이 거의 최고 수준이더군요. 필요한 데이터만 모아서 가공해 줄 수 있죠?

팀원 네, 팀장님. 필요한 부분은 제가 정리하겠습니다. 엑셀 함수를 활용하면 빠르게 처리할 수 있어요.

팀원이 본인의 약점을 보완할 수 있도록 이끌어 주는 것도 필요하다. 강점만 강화한다면 팀원이 하고 싶은 일이나 할 수 있는 일만 하려고 하기 때문이다. 다양한 일들을 균형 있게 처리하려면 팀원의 약점을 보완하는 것이 필요하다. 팀원도 약점을 보완해야 새로운 일을 배우고 성장할 수 있다. 새로운 일을 하다 보면 자신도 알지 못했던 잠재력이나 재능을 찾을 수 있다.

리더는 팀원이 강점과 약점을 보완해서 2가지를 모두 활용할 수 있도록 해야 한다. 강점을 살려서 성장을 도모하고, 약점을 보완해서 새로운 일에 도전하는 것이다. 이를 위해서는 관심을 기울이며 기회를 주고 지원하는 것이 필요하다.

리더 이 책임님, 이번 컨퍼런스 진행이 아주 멋졌어요. 전체적인 기획부터 디테일이 아주 훌륭하더군요. 처음부터 끝까지 행사의 짜임새도 좋았고요. 특히 사회를 능숙하게 보더군요. 이런 진행 능력이야말로 이 책임님의 최대 강점인 것 같아요. 다만 행사 후 결과 보고서 작성은 좀 더 신경 써주세요. 훌륭하게 해낸 만큼 제대로 인정받으려면 보고서도 잘 만들어야겠죠.

1 on 1

과한 간섭이나 방임은 피하라

리더는 1on1을 하면서 팀원의 문제를 함께 고민하되 지나치게 간섭하거나 또는 지나치게 방임하지 말고 '균형'을 유지해야 한다. 리더가 지나치게 간섭하면 팀원은 리더를 불편하게 여긴다. 특히 리더가 너무 세세한 것까지 챙기다 보면 팀원은 리더가 본인 직급과 수준에 맞지 않는 일까지 간섭한다고 불만을 느끼게 된다.

리더가 1on1을 하면서 지나치게 간섭하는 사례는 다음과 같다.

첫째, 실행계획을 너무 세부적으로 점검한다.

"출장 가서 어떻게 업무를 할지 자세히 설명해 주세요. 그리고 그 내용을 보고서로 정리해 주세요. 30분 단위로 기록하고요."

둘째, 상식적인 수준으로 계획한 내용을 이상하다고 따진다.

"이번 워크숍 계획서를 봤는데, 중간에 트레킹 시간이 이렇게 많이 소요되나요?"

"네, 국립공원 트레킹 안내 정보를 참고한 것입니다."

"내 생각에 트레킹이 빨리 끝날 것 같은데."

셋째, 팀원에게 질책하듯 따진다.

"아니, 이렇게 하면 어쩌란 말입니까? 앞으로 할 수 있겠어요?"

넷째, 내 책임이 아니라 팀원의 책임이라는 분위기로 질문한다.

"당신이 무엇을 잘못했는지 알고는 있나요? 당신이 책임져야 한다는 것도 알고 있겠죠?"

다섯째, 리더는 지시하는 사람이고, 팀원은 실행하는 사람이라는 식으로 말한다.

"그러니 하나하나 보고하라고 하지 않았나요? 빨리빨리 즉시즉시 보고하고, 시키는 대로만 하세요!"

균형 있는 리더는 지나치게 간섭하는 리더와는 다르다. 팀원이 중요한 것에 집중하고 성과를 내도록 도와주려고 한다. 균형 있는 리더는 다음과 같이 행동한다.

첫째, 중요한 포인트에 집중해서 성과를 낼 수 있도록 질문한다.

"지금 이야기하는 것 중에서 목표를 달성하는 데 가장 중요하고 신경 써야 할 부분은 무엇이 있나요?"

둘째, 규칙을 정확히 확인하고 피드백한다.

"경영관리팀에 확인했더니 업무를 추진하느라 비용이 발생했다면 다음 날까지 인보이스를 발행하는 것이 회사의 규칙이라더군요. 그런데 비용 발생 후 일주일이 지났어요. 이 점은 규칙에 따라 개선합시다."

셋째, 과거의 잘못을 지적하지 않고 미래의 성장을 논한다.

"지난주에는 실행되지 않은 것들이 있었어요. 이번 주는 집중해서 부족한 점을 만회합시다."

넷째, 공동의 목표임을 느낄 수 있도록 전달한다.

"우리는 한 팀으로서 공동의 목표를 함께 달성해야 합니다."

다섯째, 리더는 팀원이 성과를 낼 수 있도록 조력하는 역할임을 표현한다.

"혼자 고민하지 말고 이야기해 보세요. 함께 해결해 나가면 됩니다."

하버드경영대학원의 테레사 에머빌Teresa M. Amablile 교수는 "마이크로매니징을 피해야 한다"고 말한다. 마이크로매니징을 하면 오히려 효과가 없거나 해로울 수 있다고 한다. 그는 리더가 마이크로매니징을 하지 않으면서 효과적으로 팀원에게 도움을 주는 방법을 찾아냈다.

- 팀원들이 준비되었을 때 도움을 줄 수 있도록 타이밍을 맞춰야 한다. 팀원이 묻지도 않고 도움을 청하지도 않았다면 관여하지 말라는 것이다. 팀원은 리더와 생각하는 방식이 다를 수 있기 때문이다.
- 리더가 조력자라는 점을 명확히 해야 한다. 너무 마이크로하게 관리한다면 팀원은 본인이 뭔가 잘못하고 있다고 생각한다. 리더는 팀원이 잘못한 점을 지적하는 것이 아니라 성과를 낼 수 있도록 돕는다는

점을 알려줘야 한다.

- 팀원에게 도움을 줄 때 '리듬'을 타야 한다. 어떤 경우는 단기적으로 깊숙하게 도움을 주고, 어떤 경우는 장기적으로 이따금 도움을 주는 것으로 강약을 조절한다.

1on1에서 리더가 팀원을 방임하는 경우도 있다. 이것은 과거의 명령하고 통제하는 리더십에서 나타나는 모습이다. 리더는 명령하고 업무를 위임하고 나면 다음 미팅이나 회의 때까지, 또는 팀원이 보고할 때까지 방임하고 있다가 결과 보고만 듣는다. 이렇게 되면 팀원은 일하는 과정에서 문제가 생겼을 때 혼자 해결할 수밖에 없다. 리더가 조력자 역할은 하지 않고 보고만 받으려고 하면 팀원 입장에서는 번거로움만 가중될 뿐이다.

1on1의 궁극적인 목표는 단순한 1:1 면담이 아니라 리더와 팀원이 함께 문제를 해결하고, 이러한 과정에서 팀원이 성장하는 것이다. 지금은 과거와 같은 관리형 리더가 아니라 코치형 리더가 필요한 시대이다. 리더는 1on1을 통해 균형을 유지하면서 팀원이 실력을 끌어올려 성과를 낼 수 있도록 코치해야 한다.

1 on 1

팀원이 다른 팀원을 칭찬하게 하라

리더는 팀원과의 관계 형성을 위해 평소에 서로를 칭찬하는 분위기를 만들어야 한다. 팀원이 팀원을 칭찬하는 것은 조직관리나 1on1에서 매우 긍정적으로 작용한다.

김 과장 팀장님께 들었어요. 출장 가서 고객과 협상을 잘하고 왔다면서요? 이 과장님이 사전에 협상 자료를 잘 준비했다고 하더라고요.

이 과장 네, 출장에서 올라오는 길에 저한테도 수고했다고 말씀하셨어요. 자료를 꼼꼼하게 잘 준비해서 일이 잘 성사됐다고요.

김 과장 시간 나실 때 자료 정리하는 노하우 좀 알려 주세요.

이 과장 아주 대단한 건 아니에요. 제가 작업해 놓은 것을 전달해 드릴게요.

리더는 평소에 팀원들의 장점을 찾아서 자주 칭찬하는 것이 좋다. 리더가 칭찬을 잘하면 팀원들도 따라서 칭찬하는 분위기를 만들어 가기 쉽다. 칭찬은 상대방을 존중하는 마음에서 나오는 행동이다. 미국 마케트대학교의 크리스티 로저스Kristie Rogers 교수는 "존중도 전염된다. 팀원은 리더의 행동을 따라 한다. 리더의 무례한 행동을 따라 하기도 하고, 존중하는 태도를 따라 하기도 한다. 리더의 행동이 직원, 고객, 파트너를 대하는 방식에서 팀원들에게 영향을 준다"고 말한다.

칭찬은 성공적인 1on1은 물론 팀원 전체를 위한 행동이다. 리더가 팀원을 칭찬하는 것에는 여러 가지 장점이 있다.

첫째, 훌륭한 '경험 학습'이 된다.

리더와 일하는 팀원은 성공 경험을 학습하게 된다. 리더가 칭찬해 주고 주위의 동료 팀원이 칭찬해 주면, 팀원 스스로 잠재력을 깨닫고 개발하는 데 도움이 된다.

둘째, 솔직하게 직언하는 문화를 만든다.

리더나 팀원이 서로 솔직하게 말하는 문화를 만드는 데 도움이 된다. 하버드경영대학원의 에이미 에드먼슨 교수는 "실패를 '축하'해 줄 수 있는 용기를 가져야 한다. 실패를 '축하'할 수 있어야 '심리적 안전감'을 가질 수 있다. 생산적으로 반응하기 위해 실패도 '축하'하라"고 말한다. 실패까지 축하하라는데 칭찬을 못할 이유가 없다. 누구나 목소리를 낼 수 있는 팀의 분위기를 만들기 위해서는 무엇보다 칭찬을 습관화해야 한다.

셋째, 번아웃이 없는 팀을 만든다.

팀원은 일 자체보다 어려운 일을 해내고 나서 그것을 알아주는 사람이 없을 때 더욱 힘들다. 그래서 육체적으로나 심리적으로 '회복탄력성'이 필요하다. 특히 심리적인 회복탄력성은 리더와 동료와의 관계에 영향을 받는다. 리더와 동료가 칭찬해 주면 회복탄력성이 높아지고 번아웃을 예방하는 데 도움이 된다.

리더의 영향력을 발휘해 진행하는 1on1 꿀팁

1) 리더의 영향력은 리더와 팀원 사이에 신뢰관계가 형성되었을 때 더욱 극대화된다. 따라서 팀원의 강점과 약점을 파악하여 맞춤형 성장 계획을 함께 논의하는 것이 필요하다.
2) 팀원의 작은 성과도 인정하고 칭찬해 주면 자존감이 높아지고 스스로 해낼 수 있다는 자신감을 가지게 된다.
3) 팀원에게 업무를 요청할 때는 팀원의 강점과 접목해서 지금 해야 할 일이 어떤 의미에서 팀원에게 중요한지를 먼저 설명해 준다.
4) 성장 욕구가 강한 팀원들에게는 1on1에서 교육 프로그램이나 프로젝트 참여에 대해 논의하고 성장 욕구를 충족시켜 줄 수 있다.
5) 일은 개인의 미래 비전과 연결된다. 1on1을 할 때 팀원의 커리어패스와 미래 비전을 접목할 수 있도록 도와주고, 장기적인 커리어 로드맵을 상담하는 것도 중요하다.

Z세대 팀원과 1on1 할 때 꿀팁

1) Z세대와의 1on1에서는 간결하고 명확하게 소통한다. 일의 목적과 기대하는 사항을 명확히 전달하고, 불필요하고 장황한 설명은 하지 않는다. 핵심적인 내용만 잘 전달하는 것이 좋다.

2) 1on1은 대면 미팅을 기본으로 하지만 Z세대와는 상황에 따라 비대면 미팅도 좋다. 디지털에 익숙한 세대이기 때문에 외부에 있다고 해서 미팅을 연기하지 않고 노트북이나 스마트폰을 활용해 화상회의를 하면 시간과 장소를 유연하게 활용할 수 있어서 좋다.

3) 1on1에서 개인적인 질문은 팀원의 개인 성향과 관심사를 파악해 맞춤형으로 하는 것이 효과적이다. 사생활을 묻는 것이 아니라 업무를 하면서 개인적으로 어려운 점, 협업하면서 다른 동료들과 힘든 점이나 갈등을 솔직하게 대화하는 것이다.

4) Z세대와 대화할 때는 개인의 성장에 초점을 맞추는 것이 효과적이다. 일을 잘하는 것이 결국 개인의 성장에 큰 영향을 미친다는 것을 설명하고 동기부여를 하면 업무에 더욱 몰입한다.

5) 팀원의 의견을 적극적으로 경청하고 새롭거나 독특한 아이디어도 공감해 준다. 공감한다는 것은 팀원의 이야기를 무조건 수용한다는 의미가 아니다. 상대의 입장을 충분히 들어주면서 상황을 공감하고 생각이 다른 경우에는 리더의 관점과 다른 점을 말하면 된다.

6) 조직에서 일어나는 다양한 스트레스 포인트가 있다. 개인적으로 어떤 스트레스가 있는지 듣고 팀원의 조직생활에 대해 함께 고민하는 시간을 갖는다.

1on1은 세대에 따라 조금 다르게 운영되는 것이 좋다. 특히 Z세대는 살아온 환경과 가치관이 기성세대와 다르기 때문에 그 부분을 중점적으로 관찰하여 개인별로 맞춤형 미팅을 진행하는 것이 효과적이다.

3장

진정한 성과 논의가 필요하다

#자주_짧게 #성과에_집중
#목적과_목표 #계획_점검
#결과물_정의 #인과적으로
#피드백 #피드포워드

1 on 1

짧게 자주 미팅하라

성과를 위한 1on1은 짧게 자주 하는 것이 좋다. 노스캐롤라이나 샬롯주립대학교의 스티븐 로겔버그 교수는 "1on1은 일주일 30분 단위가 가장 좋다"고 말한다. 격주로는 1시간인데, 일주일이 어렵다면 상황에 따라 하이브리드 방식으로 어떤 팀원은 매주, 어떤 팀원은 격주로 만날 수 있다.

로겔버그 교수의 주장처럼 1on1은 일주일에 한 번 정도가 적당하다. 회사나 단체도 주로 일주일 단위의 주간회의가 일반적이다. 하지만 가능하다면 더 짧게 자주 미팅할 것을 추천한다. 직무에 따라 주변 환경이 빠르게 변하고 이에 대응해야 하는 부서라면 일주일보다 더 자주 미팅할 필요가 있다. 예를 들어 영업팀, 마케팅팀, 신규 프로젝트 사업팀은 상황이 빠르게 변하고 매일매일 확인해야 할 일들이 많으므로 2~3일에 한 번씩 해야 할 때도 있다. 내부 업무가 많은 기획팀, 재무나 회계, 경영관리팀이라면 일주일 단위가 좋다. 하지만 이러한 부서도 필요하다면 짧은 간격으로 자주 미팅하는 것을 추천한다.

리더가 오해하지 말아야 할 것이 있다. 자주 미팅하라고 해서 마이크로매니징을 하라는 뜻이 아니다. 핵심적인 일을 추진하는 데 있어서 팀원에게 어떤 장애물이 있는지, 어떤 자원이 필요한지를 리더가 함께 대응하는 것이 목적이다.

1on1을 짧게 자주 하면 어떤 장점이 있을까?

첫째, 성과관리에 대한 민감도가 높아진다. 즉 빠르게 대응할 수 있다.

마케팅팀의 경우 경쟁자의 움직임을 발 빠르게 파악해야 유연하게 대처할 수 있다. 이 경우 1on1을 짧게 자주 하면 리더와 팀원이 느끼는 업무에 대한 온도 차이가 줄어들어 문제해결 방안을 논의하기 쉽고 성과를 내는 데도 효과적이다. 리더가 팀원이 하는 업무를 더 깊이 알고 있으면 팀원도 보고와 관련한 수고가 줄어들어 성과를 내기 위한 업무에 더욱 몰입할 수 있다.

둘째, 1on1 시간이 짧아진다.

길게 미팅할 필요 없이 특이사항이 있거나 조직에서 기대하고 있는 핵심사항만 빠르게 점검할 수 있다.

리더 오늘 월요일인데 챙겨야 할 사항이 있나요? 수요일에 추가 미팅이 있으니, 내일이라도 특이점이 있으면 언제든지 말해 주세요.

리더 상무님께서 이번 박람회 참여 건으로 준비상황이 어떻게 되는지 궁금해하십니다.

팀원 현재 공정의 진행률은 60~65%입니다. 나머지 40%는 부스 설치와 행사 물품 입고인데, 정상적으로 진행 중입니다.

셋째, 1on1 부담이 줄어들고 팀워크도 좋아진다.

리더와 팀원이 자주 만나면 업무에 대한 소통이 원활해지면서 서로 간에 호감도가 높아진다. 업무를 하면서 소통이 안 되면 오해와 추측이 늘어나지만, 소통이 잘되면 오해가 없고 상대에 대해 좋은 감정을 가지게 된다. 1on1이 부담스럽지 않으면 리더와 팀원, 팀원과 팀원의 관계도 좋아지고 전체적으로 팀워크도 올라간다. 미팅을 짧게 자주 하다 보면 리더와의 미팅이 자연스럽고 일상적으로 느껴진다.

핵심 포인트

- 짧게 자주 미팅한다.
- 자주 미팅하면서 팀원의 애로사항과 필요한 자원을 점검한다.
- 짧게 자주 만나면 미팅의 부담이 줄어들고 일상처럼 느껴진다.

리더가 성과에 집중하고 있다는 점을 알게 하라

1on1은 리더와 팀원이 성과를 만들어 가는 귀중한 시간이다. 따라서 리더는 성과를 위한 의미 있는 시간을 만들어야 한다. 이를 위해 리더는 다음의 방법으로 성과에 집중하고 있다는 점을 팀원에게 알려야 한다.

첫째, 목표를 요약해서 설명한다.

우리 팀의 여러 목표 중에서 가장 중요한 것을 팀원들이 잘 기억하도록 요약해서 설명한다. 예를 들어 중요한 KPI 항목들의 앞글자를 따서 설명하면 효과적이다. '매출목표 1,000억 원, 혁신사례 분기별 1개씩 4개'를 만들어야 한다면 '매천혁사(매출 천억 혁신활동 4개)'라고 줄여서 기억하기 쉽게 전달한다.

'매출목표 1,000억 원, 수익 200억 원, 고객 숫자 4,000명, 블록버스터 히트제품 2개 육성, 신제품 2품목에 대한 성공적인 운영'처럼 5가지의 KPI를 '매수고블신'이라고 요약하면 목표를 설명하기도 쉽고 기억하기도 수월하다. 매번 회의시간에 '매수고블신'이라는 말로 인사를 대신하면서 재치 있는 분위기도 만들 수 있다.

본인의 KPI 지표가 무엇인지 잘 모르고 일하는 팀원들도 있는데, 이렇게 요약해서 설명해 주는 것도 사소하지만 리더가 성과 목표에 관심이 있다는 것을 간접적으로 알리는 데 도움이 된다. KPI의 항목이 많은 경우에는 가중치가 높은 5개 정도만 선정해서 요약해 주는 것이 좋다.

둘째, 목표를 자주 언급한다.

KPI나 목표에 대한 것은 상반기 평가, 하반기 평가 때나 꺼내 보는 경우가 있다. 하지만 리더가 성과에 관심이 있다는 점을 알려 주기 위해서는 평소에 자주 언급하는 것이 좋다. 최소한 달에 한 번은 KPI 달성 현황과 누계 진도율의 상황을 팀원들에게 공유한다. 주간 단위의 1on1에서도 KPI에 대한 중간점검과 예측되는 사항을 공유한다면 KPI 관리에 도움이 된다.

리더 지금 추진하는 것이 가중치가 가장 높은 KPI를 달성하는 데 도움이 되겠네요.

리더 지난주에 이어서 이번 주도 수고했어요. 앞으로도 이런 상황이라면 지난달에 이어서 이번 달도 무난하게 중요한 KPI 지표를 달성할 수 있겠네요.

셋째, 목표가 왜 중요한지 설명한다.

리더는 팀원들이 역량을 개선하고 발휘하는 것은 결국 조직의 공동 목표를 달성해서 성장과 발전에 공헌하기 위한 것이라는 점을 납득할 수 있도록 설명해야 한다. 피터 드러커 교수도 '공동의 목표 × 개인의 역량 = 조직에 공헌'이라고 설명했다. 이러한 과정에서 리더가 성과를 중요시하고 있다는 점을 팀원이 자연스럽게 인식하도록 해야 한다.

넷째, 데이터를 가지고 지속적으로 공유한다.

리더는 팀의 성과 목표와 관련된 지표를 누적 관리하고 있다는 점을 알려야 한다. KPI 지표에 대한 진행률을 엑셀로 출력해 수첩 뒤에 붙여놓고 그룹 미팅이나 1on1에서 필요할 때 확인하면, 팀원은 리더가 성과를 중요하게 생각하고 있다는 것을 알게 된다. 또한 리더는 팀원도 함께 관리할 수 있도록 같은 내용을 출력해서 공유하면 좋다. 팀원의 업무에도 도움이 되고 리더가 성과를 데이터로 관리하고 있다는 것을 보여주는 데 효과적이다.

다섯째, 성과에 도움되는 일을 했을 때 인정하고 칭찬한다.

다른 팀원들이 있는 자리에서 해당 팀원의 행동을 구체적으로 칭찬한다. 이러한 칭찬은 해당 팀원에게는 동기부여가 될 뿐 아니라, 팀 전체에도 리더가 성과에 집중하고 있다는 점을 알리는 데 도움이 된다.

"이번 프로젝트에서 수주에 성공할 수 있었던 것은 이 수석님이 고객사에게 우리의 제안을 발 빠르게 먼저 잘 전달해 주었기 때문입니다. 다른 경쟁사의 제안 내용도 비슷했지만, 우리의 적극적인 사전 행동이 좋은 이미지를 남긴 것 같습니다."

"보고 양식이 변경되었는데 여러 팀 중에서 우리 팀이 변화에 가장 잘 적응하고 있다고 대표님이 칭찬해 주시더군요. 김 책임님이 변경된 양식을 활용해서 필요한 내용을 꼼꼼하게 작성해 주어 우리 팀 전체가 칭찬을 받았습니다."

이외에도 리더가 성과에 집중하고 있다는 것을 보여줄 수 있는 방법은 다양하다. 평소에 리더가 보여주는 모든 말과 행동을 팀원들은 은연중에 받아들인다. 그러므로 리더는 스스로 성과에 집중하고 있는지 곰곰이 돌아보는 시간을 가지는 것이 좋다. 리더가 성과에 집중하고 있다면 리더의 평소 말과 행동을 통해 자연스럽게 전달될 것이다.

핵심 포인트

- 팀의 목표를 인식하기 쉽게 요약해 주면 도움이 된다.
- 팀의 목표를 자주 언급하고 데이터를 통해 지속적으로 상황을 공유한다.
- 목표 달성을 통해 조직에 공헌하고 있다는 점을 알게 한다.

1 on 1

목적과 목표를 정확히 알려 줘라

1on1을 하면서 리더는 목적과 목표를 정확히 인지시켜야 한다. 목적은 조직의 미션(사명)과 가치에 기준을 두고 사업을 하는 이유이자 사업의 방향이다. 목표는 목적을 달성하기 위해 추상적인 것이 아니라 측정할 수 있도록 정의된 상태이다. 우리가 시간을 정해 놓고 향해 가는 도착점이라고 할 수 있다.

팀원이 목적과 목표에 대해 정확히 알고 있는지 리더는 항상 점검해야 한다. 팀원은 우리 조직이 사업을 통해 어떤 목적을 이루려 하는지, 그리고 그 목적을 이루기 위해 우리 팀과 개인은 어떤 목표를 달성해야 하는지 점검할 필요가 있다.

리더 김 책임님, 우리는 회사의 신성장 동력을 마련하기 위해 만들어진 TF팀입니다. 우리의 목적과 목표에 대해 알고 있나요?

팀원 네, 우리 팀의 목적은 회사의 캐시카우가 될 새로운 사업모델을 시범적으로 만드는 것입니다. 그리고 목표는 올해 새롭게 출시할 서비스를 6개월 동안 현장에서 테스트하는 것입니다. 이후에 사업성이 검증된 것을 조직에 확대하는 것이 그다음 목표로 알고 있습니다.

리더 네, 정확하게 알고 있는 걸 보니 든든하네요.

특히 목표 설정은 구체적으로 해야 한다. 예를 들어 '우리 영업팀은 목표를 달성하는 팀이 됩시다'가 아니라 머릿속에 그림이 그려질 수 있도록 구체적인 수치로 말해야 한다.

리더 우리 팀은 매출 목표 100억 원을 달성해서 분기 목표 대비 100% 초과 달성과 함께 이번 달에도 사내 1등 팀에 선정되도록 합시다.

지원관리 부서도 마찬가지다. '이번 달에 우리 총무팀에서 계획한 일정을 철저하게 추진해 주시기 바랍니다'보다는 구체적으로 설명해야 한다.

리더 이번 달에는 임직원 한마음 아웃팅 행사와 창립기념일 행사 2개가 있습니다. 참고로 2개 행사에 대한 작년의 만족도는 4.0점이었습니다. 올해는 더 많이 만족하는 직원 경험이 되도록 준비합시다.

팀원이 본인이 하는 일의 목적과 목표를 제대로 알고 일할 수 있도록 돕는 것이 리더의 역할이다. 이런 면에서 1on1은 리더와 팀원이 방해받지 않고 목적과 목표에 대해 대화할 수 있는 좋은 기회가 된다.

핵심 포인트

- 목적은 조직의 미션과 비전에 가치를 둔 사업의 이유이자 방향이다.
- 목표는 목적을 달성하기 위해 측정할 수 있도록 정의된 상태이다.
- 1on1을 통해 목적과 목표를 정확히 알고 일할 수 있도록 한다.

1 on 1

목표 달성 상태를 미리 그려 보게 하라

팀원이 목적과 목표를 이해했다면 리더는 팀원이 성과 목표를 달성했을 때의 상태를 미리 그려 볼 수 있도록 질문한다. 팀원이 본인의 목표가 달성된 모습을 미리 그려볼 수 있다면 스스로 동기부여가 되고 업무의 몰입도가 높아진다. 질문할 때는 목표objective와 방법how to을 구체적으로 묻는다.

목표 김 책임님, 상반기에 추진해야 할 직원 교육 6회 차 과정에 대한 목표를 끝내면 어떤 느낌이 들 것 같나요?

방법 모두가 만족하는 목표 달성을 위해서는 어떤 것들을 가장 중점적으로 신경 써야 할까요?

목표 이 책임님, 진행 중인 신제품 개발 프로세스가 모두 통과되고 나서 신제품 개발에 성공하면 어떨 것 같나요?

방법 앞으로 우리 신제품이 시장에서 인정받으려면 어떤 것에 가장 중점을 두고 일해야 할까요?

1on1은 일하기 전이나 일을 하면서도 미래에 우리의 성과 목표가 달성되었을 때의 모습을 그려 볼 수 있는 시간이다. 이를 위해 리더는 구체적인 질문과 의견을 이끌어 내면 좋다. 리더가 1on1 상황에서 사용할 수 있는 질문들은 다음과 같다.

질문 1 : 목표를 달성했을 때 가장 많은 변화가 예상되는 부분은 무엇인가요?

질문 2 : 목표를 달성했을 때 주변에서는 어떤 이야기를 할까요?

질문 3 : 목표를 달성했을 때 본인에게는 어떤 좋은 일들이 생길까요?

질문 4 : 목표를 달성하기 위해 가장 중점적으로 생각하고 있는 것은 무엇인가요? 그렇게 생각하는 이유는 무엇인가요?

질문 5 : 목표를 달성하는 데 있어서 예상되는 장애물은 구체적으로 어떤 것들이 있나요?

팀원이 성과 목표를 달성했을 때의 상태를 생각해 볼 수 있는 질문을 해보자. 마치 아직 완공되지 않은 아파트의 조감도를 보는 것처럼 구체적으로 자세하게 그려 볼 수 있어야 한다.

핵심 포인트

- 팀원이 목표를 달성했을 때의 상태를 머릿속에 그릴 수 있도록 질문한다.
- 질문을 할 때 목표와 방법을 구체적으로 묻는다.
- 목표가 달성된 상태를 아파트의 조감도처럼 구체적으로 그려 보게 한다.

1 on 1

일의 결과물을 정의하라

팀원이 목적과 목표를 이해했다면, 그다음에는 본인이 하는 일의 '결과물'에 대해 구체적으로 정의할 수 있어야 한다. 목표를 달성하기 위해서는 어떤 결과물을 만들어 내야 하는지 리더와 팀원이 합의하는 것이다. 이 과정에서 팀원은 일하는 목표가 더욱 구체적으로 그려진다.

이것은 리더나 조직에도 매우 긍정적인 일이다. 리더는 팀원의 성과를 평가하고 육성하는 데 필요한 근거자료를 얻을 수 있고, 조직의 목표 달성에도 도움이 된다.

그럼 목적과 목표와 결과물을 어떻게 정리하는지 알아보자.

구분	목적	목표	결과물
개념	궁극적으로 조직이 바라는 것	목적을 달성하기 위한 구체적인 단계	목표를 달성하기 위해 만들어 내야 하는 산출물
설명	조직의 미션과 비전, 가치와 연결되어 있음	목적을 달성하기 위해 구체적이고 측정 가능하도록 만들어진 지표	목표를 달성하는 데 필요한, 측정할 수 있는 요인들
예시 1	고객을 위한 제품으로 시장을 선도하는 매출 1등 기업	매출 1,000억 원 달성 경쟁기업 내 1등	기존 제품 700억 개 신제품 300억 개 거래처 30개 확대
예시 2	조직 내 구성원의 역량 강화	직무별 핵심인재 직무 교육 16시간 이상 수료 인원	직무별 교육기획안 교육 수료 인원수 (목표 대비 교육시간)
예시 3	회사 내 투명한 회계 시스템 구축	부서별 인보이스 발행 규정 위반 건수 전년 대비 50% 감소	월별 인보이스 모니터링 자료 개선 조치 자료

팀원들이 수행한 성공적인 결과물들이 모여 조직의 목표가 달성된다. 목표 달성이 쌓이면 조직이 원하는 비전이 실현된다. 리더와 팀원은 조직이 원하는 공동의 목적과 목표를 달성해야 하므로 어떤 결과물을 내야 하는지 서로 합의가 필요하다.

이때 팀원은 일하기 전에 리더와 함께 결과물에 대해 명확히 합의한 다음 자기 일에 몰입해야 한다. 일을 급하게 시작하는 것보다 그 전에 결과물에 대한 합의 과정을 거쳐야 시행착오를 최소화하면서 성공적으로 마무리할 수 있다.

리더와 팀원이 성과 목표에 대해 합의하는 프로세스가 얼마나 잘 갖춰져 있는지는 기업의 성과관리 수준을 보여주는 잣대가 되기도 한다. 성과관리를 처음 도입한 조직과 오래도록 성과관리를 운영해 온 조직은 큰 차이가 있다. 다음은 1on1에서 결과물을 합의하지 못한 사례와 합의한 사례이다.

[결과물을 합의하지 못한 사례]

리더 이번에 박람회 행사 준비는 잘되어 가고 있나요? 이번 박람회의 부스는 규모가 커 보이도록 웅장한 느낌으로 진행해야 합니다.

팀원 네? 전에 회의할 때는 방문객의 경험 제공을 위해 아기자기하게 꾸미기로 해서, 디자인도 거의 그렇게 제작되고 있습니다.

리더 오늘 팀장 회의 때 본부장님께서 좀 규모 있어 보이면 좋겠다고 했어요. 명확히 지시받은 것은 아니지만, 그렇게 준비하면 좋겠네요.

팀원의 입장에서는 리더가 처음부터 아기자기한 규모를 강조해서 그에 맞춰 진행하고 있는데 갑자기 방향을 틀어 버리면 어쩌란 말인가 싶다. 디자인 업체의 일도 꽤 많이 진척된 상황이라 갑자기 컨셉을 수정하라는 내용을 전달하기에 불편하다. 본인도 시간과 역량을 투입한 것이 아깝다는 생각이 든다.

[결과물을 합의한 좋은 사례]

팀원 팀장님, 빨리 컨셉을 잡아서 디자인 작업을 의뢰해야 할 것 같습니다.

리더 그래요. 나도 빨리 진행해야 한다고 생각하는데, 상무님이 기대하는 컨셉과 합의하는 과정이 필요해요. 작년과 재작년에 했던 자료를 모아서 A, B, C 컨셉으로 우선 임시 안을 만들어 봅시다.

팀원 네, 임원분들은 어떤 의견을 주셨어요?

리더 그렇지 않아도 방금 회의에서 논의했어요. 올해는 웅장함보다는 고객 경험을 강조하는 부스로 제작하고, 오히려 박람회 후 방문객 이벤트를 확대하는 쪽으로 컨셉이 결정되었으니 그 방향으로 준비합시다.

팀원 네, 잘 알겠습니다. 고객 경험에 집중해서 디자인하라는 말씀이시죠? 시안이 나오면 바로 보고할게요.

리더 그래요. 수고해 주세요.

1 on 1

인과적으로 일하고 있는지 견해를 더하라

결과물에 대해 합의했다면 리더는 팀원이 인과적으로 일할 수 있도록 조언해 주어야 한다. 리더는 팀원보다 경험이나 관련 업무에 대한 지식이 많다. 그래서 리더는 팀원이 제대로 일하도록 도움을 주는 역할을 해야 한다. 이때 필요한 것이 '결과'에 영향을 주는 '원인'에 몰입할 수 있도록 이끌어 주는 것이다.

모든 일에는 결과와 그것을 이끌어 내는 원인이 있다. 결과 하나에 원인이 하나만 있는 것은 아니다. 여러 개의 원인이 모여 하나의 결과를 만들기도 한다.

원인과 결과 사이에 조절변수나 매개변수를 넣어서 조절된 효과나 매개된 영향을 분석하기도 한다.

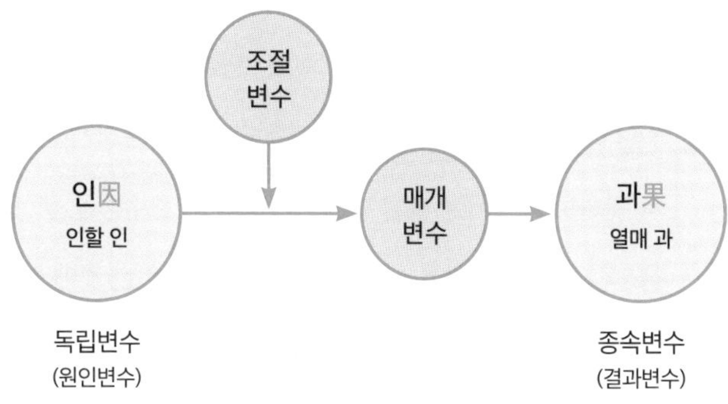

리더와 팀원이 결과에 영향을 미치는 원인변수를 조절할 수 있으면 가장 좋다. 어떤 경우는 원인에 영향을 주어서 성과를 낼 수도 있고, 어떤 경우는 원인은 두고 조절변수에 역량을 투입해 성과를 내는 경우도 있다. 마케팅팀 PM Product Manager의 사례를 보자.

팀원 팀장님, 정부의 법적 표시 기준이 바뀌어서 지금까지 판매하던 제품들에 대해 유통기한이 아니라 소비기한을 표시해서 내보내야 합니다.(원인) 정해진 날짜에 포장지 재고를 다 맞출 수가 없어서 유통기한이 인쇄된 불용 포장지가 상당량 남을 것 같습니다.

리더 알겠습니다. 과도기적인 현상이니 2곳에 협조를 요청합시다. 세일즈 쪽에는 당분간 판매 예측기간을 짧게 해달라고 요청하세요. 평소보다 줄여서 월 단위에서 보름 단위로 합시다. 그러면 어떤 제품이 어떤 기간에 많이 집중되는지 현장의 의견을 좀 더 받을 수 있을 겁니다.(조절) 공장 쪽에는 당분간 1회 생산물량을 최소단위의 수량으로 생산하도록 요청해서 불용 포장지나 사용되지 못하고 버려지는 것을 최소화합시다. 최소수량을 생산해서 생산성이 떨어질 때의 손해와 불용 재고를 줄이는 것에 대한 이익을 비교해서 성과가 더 나는 쪽으로 결정하죠.(조절)

1on1에서 문제를 해결한 다른 사례를 살펴보자.

리더 월초 10일이 지나가는데, 영업 상황이 계획보다 좀 미진한 것 같아요. 이유가 뭘까요?

팀원 우리 팀에서 비중이 큰 거래처들, 즉 메이저 거래처들의 실적이

평균보다 낮은 것으로 나타납니다. 현장을 돌면서 점검해 보니, 거래처에 재고도 여유가 있고요. 당장 이번 달에 개선될 가능성은 적어 보입니다.(원인)

리더 다른 대안을 생각해 본 것은 있나요?

팀원 네, 신도시가 들어서는 지역에 신규거래처를 운영할 사업자를 검색해 뒀습니다. 그분도 사업장을 빨리 오픈해서 시장을 선점할 필요성을 느끼고 있어서 이번 달에 계약하고 오픈을 준비하려고 합니다. 초도물량은 재고로 쌓이지 않을 만큼 기본적인 수량이니 괜찮을 것 같습니다.(조절) 그리고 공장에 연락해 보니 지난 분기에 판매가 좋았던 제품이 일부 재고가 있는 것으로 확인됐습니다. 또 다른 대안으로는 그 제품을 스팟Spot으로 프로모션을 진행하면 어떨까요? 호응이 좋았던 제품이니 한정수량으로 제공하면서 거래처에 혜택을 좀 주면 좋겠습니다.(조절)

리더 좋네요. 그럼 프로모션 운영비는 우리 팀에서 가용할 수 있는 예산이 있는지 관리부서와 협의해서 피드백하겠습니다. 오늘 수고했어요.

1on1은 리더와 팀원이 현업에서 발생하는 다양한 상황들에 대해 인과적으로 문제를 해결하고 성과를 만드는 과정이다. 리

더와 팀원이 머리를 맞대면 얼마든지 좋은 결과를 만들어 낼 수 있다.

핵심 포인트

- 결과에는 반드시 하나 이상의 원인이 있다.
- 인과적으로 일한다는 것이 무엇인지 알게 한다.
- 원인을 분석하고 원인을 조절해서 성과를 낼 수 있다.

인과적으로 일할 때 1on1을 하면 좋은 점

리더는 팀원이 인과적으로 일할 수 있도록 코칭해 주어야 한다. 1on1을 할 때 인과적으로 일하는 방법에 대해 소통하면 리더나 팀원 모두에게 어떤 도움이 될까?

첫째, 성과를 내는 데 도움이 된다.

인과적으로 일하는 방법에 대해 대화를 하면 성과를 내기 위해 무엇을 어떻게 해야 할지 쉽게 정리하고 합의할 수 있다. 1on1은 리더와 팀원이 성과에 대해 논의하는 자리이므로 리더와 합의한 사항을 곧바로 팀원이 실행할 수 있다.

둘째, 시간이 절약되고 미팅이 효과적으로 진행된다.

문제를 곧바로 찾아서 어떻게 할지에 집중하기 때문에 군더더기 없이 진행할 수 있다. 물론 처음 1on1을 하는 경우에는 한두 차례 라포 형성을 위한 시간이 필요하지만, 이후에는 곧바로 성과를 내기 위한 핵심적인 내용을 다룰 수 있다.

리더 이번 주 계획은 잘 준비되고 있는 것 같은데, 특별히 챙겨야 할 사항이 있나요?

팀원 지난주에 핵심 이슈로 요약해 드린 사항에서 한 가지만 더 추가해야 할 것 같아요. 글로벌 시장에서 원료가격의 상승이 예상되는데, 당장은 문제가 없더라도 상황을 주시하고 있습니다.

리더 나도 관련 기사를 봤어요. 그럼 지난주 이슈들에 대해 큰 특이점은 없으니 원료가격 상승에 대한 동향을 살피면서 대응 시나리오를 다음 주까지 준비해 주세요.

팀원 네, 잘 알겠습니다.

셋째, 팀원의 성장에 도움이 된다.

인과적으로 원인을 찾아 일하는 과정에서 팀원은 한 단계 더 성장할 수 있다. 리더가 무엇을 어떻게 언제까지 할 것인지를 질문하고 합의하는 과정에서 팀원도 배우고 성장하는 기회를 얻는다. 일이 끝나고 나서도 계획 대비 어떤 결과가 나타났는지 본인이 한 일에 대해 곧바로 확인하고 검증까지 할 수 있다.

넷째, 리더십의 영향력이 커진다.

리더는 팀원이 성과를 낼 수 있도록 도움을 주었기 때문에 영향력이 더 높아진다. 리더와 함께 1on1을 하면서 성과를 내고 좋은 평가를 받게 되었으니 리더에 대한 신뢰가 높아지는 것은 당연하다.

다섯째, 지속적인 1on1에 도움이 된다.

1on1은 특성상 지속적인 미팅이 되어야 한다. 성과를 향해 한주 한주 문제를 해결하다 보면, 앞으로 있을 다른 주제의 1on1을 하는 데도 도움이 된다.

핵심 포인트

- 인과적으로 일할 수 있도록 소통한다.
- 조직의 성과와 팀원의 성장에 도움이 된다.
- 리더의 영향력이 커지고 지속적인 1on1에 도움이 된다.

인과적으로 일하지 않는 1on1 유형들

리더의 역할은 1on1을 인과적으로 할 수 있도록 분위기를 만들어 주는 것이다. 리더는 미팅에서 적극적으로 질문하고 경청하면서 팀원의 의견이 업무에 반영될 수 있도록 해야 한다. 하지만 그렇지 못한 리더가 있다. 인과적인 사고가 없는 리더와 팀원의 사례를 유형별로 알아보자.

첫째, 무조건 일방적으로 밀어붙이는 유형

이런 리더라면 팀원은 1on1이 괴로운 자리가 된다. 리더는 어떻게 해결해야 할지 구체적인 방법이 없으면서 무조건 해결해야 한다고 윽박지르는 모습을 보인다. 문제가 해결되지 않으면 안 된다고 하지만 정작 리더 본인도 방법을 찾지 못하고 있다. 목소리만 크고 강압적인 리더 유형이다.

리더 우리가 지금 회의하는 이유가 뭐예요? 무조건 이유 불문하고 해결해야 합니다. 이거 해결 못하면 회사에 당신이 필요한 이유가 있을까요? 무조건 해결하세요.

둘째, 팀원에게 전가하고 방임하는 유형

예를 들어 리더가 고객 클레임이나 공공기관의 민원 같은 문제 상황을 자신에게까지 올라오지 않게 하라는 것이다. 팀원의 입장에서 아주 답답한 유형이다. 팀원이 인과적인 사고를 하고 싶어도 리더가 아무런 도움이 되지 못한다. 혹시라도 어떤 일이 발생하면 오로지 실무자 책임으로 돌리는 유형이다.

리더 나는 모르는 일입니다. 못 들은 걸로 할게요. 왜 그런 얘기를 나한테 하죠? 이런 일은 실무 선에서 알아서 처리해야 하지 않나요?

셋째, 팀원에게 인과적인 사고가 없는 경우

팀원이 리더를 제대로 돕지 못하는 유형이다. 리더가 질문해도 어떻게 해결해야 할지 방법을 찾지 못해 스스로도 답답해한다. 이때 리더는 팀원이 답을 찾을 수 있도록 질문하고 동기부여를 해주어야 한다. 단, 팀원이 능력 부족으로 문제를 해결할 수 없는 사람이라고 미리 낙인 찍는 것을 지양해야 한다.

팀원 팀장님 말씀은 이해했는데, 방법이 없는 것 같습니다. 저도 좀 답답합니다. 고민은 좀 해보겠습니다.

넷째, 팀원이 리더에게 책임을 맡기는 유형

리더가 다 해줄 것으로 생각하는 책임감이 매우 낮은 유형이다. 답답하면 리더가 어떻게든 하겠지 하고 생각한다. 문제를 해결하기보다는 내가 만든 상황도 아니고, 팀원인 내가 어떻게 해결하겠느냐는 식의 태도를 보인다.

팀원 그건 팀장님이 해주셔야 하는 거 아닌가요? 저는 시키는 일만 제대로 하면 되잖아요. 그것까지 제가 해결해야 하나요?

위의 4가지 유형은 어느 한쪽에 문제가 있는 경우이다. 더 심한 경우 리더나 팀원이 둘 다 인과적인 사고가 없으면 서로 하소연만 하다 끝난다. 1on1에서 가장 좋지 않은 유형이다. 팀원은 별 방법이 없다는 식으로 말하고, 리더는 나도 어쩔 수 없는 일인데 위에서 알아서 하겠지 하는 식이다.

팀원 혁신이 그렇게 빨리 이루어지겠어요? 할 만큼 했는데, 직원들의 의식 수준이 그 정도이니 어쩌란 겁니까? 저는 최선을 다했고 이 정도면 된 것 아닌가요?

리더 나도 그렇게 생각해. 할 만큼 했는데 어쩌겠어? 위에서 알아서 하겠지, 뭐.

리더와 팀원이 만나 현재의 문제 상황에 대해 하소연만 하는 1on1은 안 하느니만 못하다. 1on1은 단순한 1:1 면담이 아닌, 팀원이 좋은 성과를 낼 수 있도록 인과적인 대화를 하는 자리다. 이를 위해 리더와 팀원 간에 좋은 질문과 대답이 오가고 장기적으로 팀원의 성장에 도움이 되어야 한다.

1 on 1

효과적인 피드백을 하라

팀원이 인과적으로 일하려면 1on1에서 리더의 피드백이 매우 중요하다. 리더는 최대한 팀원의 입장에서 잘 들어주고 공감하려고 노력하면 된다. 그러나 피드백은 신중하게 해야 하고 효과를 높일 수 있는 기술이 필요하다.

리더와의 대화에서 피드백을 정의해 보면 '팀원의 성장과 발전을 위해 리더가 팀원의 행동, 태도, 성과 등에 대한 구체적인 정보를 제공하고, 이를 바탕으로 잘한 것에 대해서는 긍정적 피드백(칭찬), 개선이 필요한 것에 대해서는 건설적 피드백(질책)을 하는 것'이다. 피드백은 팀원이 자신의 강점과 약점을 더 잘 이해하고 결국은 팀원이 문제를 인과적으로 해결하도록 돕는 과정이다.

1on1에서 피드백의 목적은 다음과 같다.

첫째, 성과를 낸다.

피드백은 성과를 내기 위해 리더가 팀원에게 인과적으로 일할 수 있도록 하는 일련의 활동이다. 피드백을 통해 지금보다 더 원인에 집중할 수 있다.

둘째, 성장을 촉진한다.

팀원이 인과적으로 일하면서 스스로 배울 수 있도록 한다. 특히 자신의 강점을 더욱 발휘하고 약점을 보완하여 팀원 스스로 성장할 수 있도록 돕는다.

셋째, 동기부여를 한다.

팀원의 좋은 행동은 긍정적인 피드백을 통해 더 잘하게 만들고, 미흡한 점은 건설적인 피드백을 통해 개선하게 함으로써 일의 성과를 높이고 동기부여를 할 수 있다.

1on1에서 리더가 효과적인 피드백을 하는 방법은 다음과 같다.

첫째, 구체적으로 한다.

추상적인 말로 피드백하는 것이 아니라 지난주에 실제 일어났던 내용을 가지고 무엇이 문제이고, 어떻게 개선하는 것이 좋은지 피드백한다.

둘째, 미루지 말고 바로 한다.

피드백의 속도가 중요하다. 문제가 발생한 직후 또는 성과가 나타난 직후에 피드백해야 효과가 있다. 일주일 정도의 빈도라면 늦지 않다. 작은 문제라고 해서 나중에 해야 한다고 생각하면 시간이 지나 감당할 수 없을 정도로 큰 문제가 될 수 있다. 사소한 문제라도 최대한 빨리 바로 피드백하는 것이 좋다.

셋째, 객관적이고 솔직하게 피드백한다.

개인적인 감정이나 주관적인 판단으로 하지 말고 객관적인 사실에 기반하여 솔직하게 피드백해야 한다. 그래야 매주 지속적인 피드백이 가능하다. 객관적이지 못하고 주관적인 피드백을 하면 미팅을 지속하기가 어려울 수 있다. 감정은 배제하고, 있는 사실 그대로 솔직하게 피드백을 하면 팀원도 객관적인 사실에 따라 자신의 모습을 돌아보게 된다.

넷째, 건설적인 피드백을 한다.

개선이 필요하거나 잘못했을 때 사람들을 비난할 수 있다. 그러나 비난하는 피드백은 상대방에게 상처를 주고 관계 회복을 더디게 만든다. 비난이나 질책보다 개선해서 좋은 방향으로 갈 수 있다는 믿음, 팀원을 위해 진심으로 걱정하는 마음을 보여주는 것이 필요하다. 팀원은 자신의 긍정적인 변화를 위해 리더가 피드백하는 것임을 느낄 수 있어야 한다.

1on1에서 리더가 피드백할 때 팀원의 자세도 중요하다.

첫째, 최대한 열린 마음으로 리더의 피드백을 경청한다.

칭찬은 기분이 좋지만, 건설적인 피드백은 불편할 수 있다. 리더를 신뢰하는 마음을 가지고, 비난이나 공격으로 받아들이지 않고 자신이 성장할 기회로 생각하면 피드백은 선물이 될 것이다. 페이스북으로 유명한 메타는 '피드백은 선물이다'라는 슬

로건을 건물 곳곳에 붙여놓았다고 한다. 피드백을 하는 데는 시간이 걸리지만, 피드백을 통해 변화된 결과를 보면 리더와 팀원 모두에게 엄청난 혜택이 주어지는 일임을 알기 때문이다. 그래서 메타는 피드백을 기분 좋게 주고받는 분위기가 형성되어 있다. 1on1에서도 리더의 피드백은 팀원의 성장을 위한 선물이라는 점을 인식할 수 있도록 안내해 주어야 한다.

둘째, 의문이 드는 것은 곧바로 질문한다.

피드백을 하다 보면 리더가 오해하는 부분이 있을 수 있고, 팀원이 잘못 받아들이는 것도 있다. 피드백을 받고 이해되지 않는 부분이 있으면 망설이지 않고 그 자리에서 질문을 통해 완전히 이해하고 넘어가야 한다.

1on1을 위해 리더는 피드백 기술을 개발해야 한다. 1on1에서 피드백을 주는 것은 당연하면서도 조심스러운 일이다. 리더의 피드백에 따라 팀원의 태도가 달라지기 때문이다. 리더의 피드백 기술이 부족하다면 관련 교육이나 책을 통해 개발할 필요가 있다.

1on1에서 리더가 아무리 경청과 공감을 잘해도 피드백을 잘

못하면 팀원의 감정이 상하고 인과적으로 일하는 데 방향을 잃을 수도 있다. 리더의 피드백은 일을 더 잘할 수 있는 동기를 강화하고 변화의 기회를 주는 방향으로 진행되어야 한다. 그런 점에서 피드백은 리더가 필수적으로 갖춰야 할 소통방법이며, 리더와 팀원의 성과관리를 위한 중요한 업무 역량 중 하나이다.

《리더십 불변의 법칙》의 저자 존 맥스웰John C. Maxwell 교수에 따르면 "리더십 역량은 하루아침에 만들어지는 것이 아니다. 내일 리더가 되려면 오늘 배워야 한다"고 말한다. 연습을 통해 승리한다는 점을 기억하자.

핵심 포인트

- 피드백의 목적은 조직의 성과와 팀원의 성장이다.
- 피드백은 구체적이고 솔직하고 건설적으로 한다.
- 피드백의 기술을 지속적으로 개발해 나간다.

1 on 1

미래의 성과를 피드포워드하라

1on1을 할 때 피드백은 이미 지난 결과에 대해 칭찬이나 개선사항을 말해 주는 것이다. 따라서 미래의 성과에 대해서는 피드포워드feedforward를 활용하는 것이 좋다. 피드포워드는 미래 지향적으로 개선에 대한 조언을 제공하는 것이다. 이때 리더는 앞으로 어떻게 하면 더 나아질 수 있는지를 함께 고민하면서 방향성을 알려줘야 한다.

경영 컨설턴트 마셜 골드스미스Marshall Goldsmith 박사는 피드포워드에 대해 "어떤 사안이나 문제에 대한 미래지향적인 아이디어나 대안을 제공하는 것이 중요하다. 하나의 사안에 대해서도 수많은 가능성을 열어 두고, 다양한 아이디어를 함께 듣는 것을 목표로 한다. 그래서 아직 일어나지 않은, 실행 가능한, 변화 가능한 미래의 일을 중심에 두어야 한다. 피드백이 과거의 실패에 대한 기억을 강화한다면, 피드포워드는 미래의 변화 가능성에 관한 생각과 의지를 강화한다"고 말한다.

즉, 피드백이 과거의 일을 기반으로 하는 것이라면, 피드포워드는 미래에 일어날 일을 기반으로 한다는 것이다. 피드백은 어느 정도 격식을 갖춰야 하지만, 피드포워드는 격식에 얽매이지 않아도 된다는 특징이 있다.

구분	피드백	피드포워드
시점	과거	미래
목적	과거 행동에 대한 평가 및 개선	미래 행동 개선 및 성장 촉진
방법	잘한 점과 아쉬운 점 점검	구체적인 발전 방안 제시
효과	문제해결, 성과 향상	성장, 발전, 동기부여

피드백과 피드포워드는 팀원에게 던지는 질문에서 차이가 있다. 이러한 질문을 1on1에서 적극적으로 활용할 필요가 있다. 다음은 1on1에서 피드백을 위한 리더의 질문이다.

리더 어떤 일이 있었나요?

리더 기대했던 결과와 어떤 차이가 있나요?

리더 일을 통해 무엇을 배웠나요?

이처럼 과거에 일어난 결과에 대한 질문은 개선을 목적으로 한다. 반면 피드포워드를 위한 질문은 다음과 같다.

리더 이 일을 개선하기 위해 어떤 일을 할 수 있을까요?

리더 그 일을 하는 데 필요한 자원들은 무엇이 있을까요?

리더 기대하는 성과를 위해 가장 집중해야 할 일은 무엇인가요?

미래에 해야 할 것들에 대해 질문하다 보면 상대의 강점과 미래 가능성에 집중하게 된다. 구성원의 성장과 개선에 초점을 맞추기 때문에 개방적이고 긍정적인 말을 사용하는 것이 특징이다. 또한 업무 중에도 지속적으로 상황을 묻고 방향을 함께 논의해서 실수를 줄이고, 위기를 기회로 바꾸는 계기가 되기도 한다.

좋은 피드포워드를 하기 위한 5가지 팁은 다음과 같다.

첫째, 미래의 목표를 달성하기 위해 업무 방향을 구체적으로 알려주고, 틈틈이 제대로 된 방향으로 가고 있는지 확인한다.

둘째, 부정적인 대화는 하지 않고 긍정적인 대화를 유지한다. 개선이 필요한 것이라도 성장에 도움될 수 있는 미래지향적인 대화를 한다.

셋째, 구성원이 스스로 깨닫고 받아들일 수 있는 정도로 맞추고, 질문을 통해 어려운 점들을 계속 경청하고 지원한다.

넷째, 목표를 단계적으로 실천할 수 있도록 도와주고 성취감을 통해 스스로 성장할 수 있도록 이끌어 준다.

다섯째, 미래의 성장 가능성에 중점을 두고 끊임없이 과정을 관리한다. 피드포워드를 통해 과정을 관리해야 미래지향적인 변화로 유도할 수 있고 성장할 수 있는 계기를 마련할 수 있다.

미래에 좋은 성과를 내기 위해서는 1on1에서 진행하고 있는 일에 대한 피드백을 하고, 앞으로 어떤 방향으로 나아가는 것이 좋은지 피드포워드를 하는 것이 중요하다. 성과는 과거와 현재, 미래가 연결되어 나타나는 것이므로 상황에 맞춰서 피드백과 피드포워드를 적절하게 사용하는 것이 좋다. 과거에 했던 일에 대해서는 피드백을 하고, 현재 하고 있는 일과 미래에 해야 할 일에 대해서는 피드포워드를 활용한다.

4장

팀원의 생각을 촉구하라

#열린_질문
#상석
#확증편향
#만약에요
#존중하라
#복잡함_정리
#말하기
#지시_말고_요청하라
#반영하라
#기록하라

1 on 1

열린 질문을 하라

1on1에서 리더는 팀원의 생각을 촉구해야 한다. 그 이유는 문제해결의 주인공이 팀원이기 때문이다. 리더는 해결방안을 제시하는 것이 아니라 팀원 스스로 문제를 진단하고 해결방법을 찾도록 도와야 한다. 리더는 팀원이 문제의 원인을 찾고 성과를 낼 수 있도록 코치의 역할을 하는 것이다.

2000년대 초반만 해도 관리하고 지시하는 관리자형 리더가 주를 이루었다. 리더가 지시하고 팀원이 실행하는 시대에는 리더가 문제해결의 주인공이었고, 팀원은 단순히 실행하는 역할만 했다. 하지만 지금은 리더십의 방식이 완전히 바뀌었다. 팀원이 문제해결의 주인공이고, 리더는 팀원이 직장이라는 플레이그라운드playground에서 좋은 성과를 낼 수 있도록 코치 역할을 하면 된다.

이때 리더에게 요구되는 역량이 바로 '열린 질문'이다. 열린(개방형) 질문은 리더가 열린 마음으로 팀원의 의견을 충분히 들으려는 데 목적이 있고, 닫힌(폐쇄형) 질문은 리더가 관리자의 입장에서 단순히 실행 여부만 확인하는 것이다.

[열린 질문]

"지금 하고 있는 프로젝트는 어떻게 진행되고 있어요? 다른 팀원에게 도움을 요청할 사항은 무엇인가요?"

"주간 목표가 달성되지 못한 주된 원인은 무엇인가요? 어떤 방법으로 차이를 줄일 수 있을까요?"

[닫힌 질문]

"지난주 미팅 후에 이번 주 진행해야 하는 업무를 했나요?"

"고객사 업무 프로세스 점검을 위한 출장은 다녀왔나요?"

구분	열린 질문	닫힌 질문
리더십 유형	코치형	관리자형
관계	수평형	수직형
문제해결	팀원이 주인공	리더가 주인공
특징	경청, 공감	지시, 통제
시점	미래지향	과거 점검
주요 질문	무엇, 어떻게	했나, 하지 않았나? 갔나, 가지 않았나?
답변	육하원칙으로 대답	예, 아니요
효과	스스로 알게 함	일방적으로 주입하려 함

1on1에서 열린 질문이 중요한 이유는 팀원의 생각을 효과적으로 촉구할 수 있기 때문이다. 팀원은 열린 질문에 육하원칙(누가, 언제, 어디서, 무엇을, 어떻게, 왜)으로 대답하게 된다. 반대로 닫힌 질문은 '예' '아니요'와 같은 단답형의 대답을 유도한다. 이때 '아니요'라고 대답하면 리더와의 관계에 문제가 생길 것 같은 생각에 심리적으로 위축된다. 그러므로 닫힌 질문은 팀원에게 매우 부담되고 다음 질문을 받기도 두렵다. 결국 1on1을 이어 가기가 어려워진다.

1on1은 성과를 내고 구성원을 성장시키는 데 목적이 있다. 따라서 과거에 집중하기보다 앞으로 무엇을 어떻게 할 것인지가 더 중요하다. 열린 질문은 '앞으로 누가 언제 무엇을 어떻게 할 것인가요?'라고 미래에 초점을 둔다. 따라서 리더가 열린 질문을 하면 팀원이 문제해결과 관련해 무엇을 아는지, 또 무엇을 모르는지 스스로 알게 된다. '이제 무엇을 할까요?'라고 묻는 것은 미래를 위한 생산적이고 목표지향적인 질문이다. 따라서 열린 질문을 통해 리더는 성공적인 1on1을 지속적으로 이끌어 갈 수 있다.

핵심 포인트

- 문제해결의 주인공은 리더가 아닌 팀원이다.
- 열린 질문은 리더가 팀원의 의견을 충분히 들으려는 목적이다.
- 생각을 촉구하기 위해 코치형 리더는 열린 질문을 사용해야 한다.

1 on 1

지시하지 말고 요청하라

1on1에서 리더는 지시보다 요청을 해야 한다. 과거에는 지시에 따라 움직이는 것이 당연했다. 하지만 시대가 바뀌고 세대가 달라졌다. 20대를 언제 보냈느냐를 기준으로 1970년대의 베이비붐 세대, 1990년대의 X세대, 2000년대의 밀레니얼 세대를 거쳐 2010년대의 Z세대로 이어졌다.

하버드경영대학원의 빌 조지 교수는 "리더의 세대교체에 따라 리더십의 방식도 변화되었다. 훌륭한 리더는 코치의 모습을 보여주어야 한다"고 말했다. 이것이 리더의 승리 공식이다. 리더는 1on1에서 팀원의 상황을 관찰하고 성과를 낼 수 있도록 코칭해야 한다. 코칭은 질문하고 경청하고 앞으로 어떻게 행동할 것인지를 제안하며, 팀원이 중심이 되어 문제를 해결하도록 돕는 것이다. 팀원이 올바른 결정을 내리고 의지를 높일 수 있도록 도움을 주는 역할이다.

지시 지난번에 하겠다고 한 것을 왜 아직까지 실행하지 않았죠? 이렇게 보고와 행동이 다르면 곤란합니다. 3일의 시간을 주겠습니다. 어떻게든 계약을 성사시키세요. 두고 보겠습니다. 결과로만 이야기하세요.

요청 어떤 장애물이 있었나요? 해결방법은 찾았나요? 언제까지 계약을 성사시킬 계획이었나요? 그것보다 조금 더 당길 방법은 없나요? 계약이 성사되도록 집중해 줄 것이라 믿고 기대합니다.

1on1에서 리더가 지시하는 것과 요청하는 것은 큰 차이가 있다. 지시를 주로 하는 관리자형 리더는 일방적이고 수직적인 소통을 한다. 그리고 문제해결의 중심이 리더가 되기 때문에 팀원은 수동적으로 지시한 것을 이행하는 것에 급급하다. 그렇다 보니 창의적으로 일하지 않고 그저 끝내기만 하면 된다는 생각이 지배적이다.

반대로 요청하는 코치형 리더는 수평적이고 양방향의 소통이 이루어진다. 문제해결의 중심이 팀원이 되어 자기주도적으로 업무를 추진해 나간다. 팀원이 자기주도적으로 일하기 때문에 일을 끝내고 나면 만족감과 성취감을 느낀다. 이제 지시하지 말고 요청하는 방법을 업무에 적용해 보자.

구분	업무를 지시할 때	업무를 요청할 때
리더 유형	관리자형	코치형
소통 형태	일방적	양방향
문제해결 중심	리더	팀원
반응 형태	수동적	능동적
업무 추진	리더 주도	팀원 자기주도
반응 기간	단기적	장기적
일이 끝난 후의 기분	다행, 안도감	만족, 성취감

핵심 포인트

- 시대가 바뀌면서 리더십의 방식도 변화했다.
- 요청하는 리더는 수평적 리더이고 양방향 소통을 한다.
- 지시보다 요청하는 리더가 필요하다.

1 on 1

‘만약에’ ‘어떻게 할까요’라고 질문하라

1on1에서 팀원의 생각을 촉구하기 위해 여러 가지 상황을 가정해 볼 수 있는 2가지 질문을 활용해 보자. 어렵지 않은 질문으로 팀원을 존중하면서 생각을 촉구할 수 있다.

첫째, ‘만약에’라는 말로 시작한다.

리더가 팀원의 의견에 정중하게 견해를 덧붙이는 방법이다. 먼저 팀원의 이야기를 충분히 경청한 후 리더는 ‘만약에’라는 말을 시작으로 자신의 견해를 더한다. 그러면 팀원은 리더의 의견에 대해 여러 가지 상황을 생각해 볼 수 있다.

팀원 지금 우리 회사 상황에서는 물류회사를 변경하거나 추가할 필요가 없다고 생각합니다. 다만 물류비용이 매년 증가하고 있으니 인상률을 제한할 필요가 있다고 생각합니다.

리더 만약에, 물류회사가 재정적으로 힘들어지면 어쩌죠?

리더 만약에, 물류비가 생각보다 높아지면 어쩌죠? 우리는 지금 물류회사와 조금 더 떨어진 곳에 생산공장을 짓고 있잖아요?

리더 만약에, 화재 등의 사고가 발생하면 어쩌죠?

리더 만약에, 우리가 물류회사를 2개 정도 활용하면 어떨까요?

둘째, '어떻게 할까요?'라고 질문한다.

앞으로 어떤 것이 가장 좋은 방법이 될지 팀원 스스로 생각해 볼 수 있는 질문이다. 이 질문을 통해 미래 시점의 상황에 대해 좀 더 구체적으로 생각해 볼 기회를 준다.

팀원 팀장님 말씀을 듣고 생각해 보니 과거에도 한두 번 물류회사의 갑작스런 가격 인상 요구로 난감했던 적이 있었네요. 2개의 물류회사와 거래하는 것도 방법일 것 같아요. 거래조건이 좋은 쪽으로 물량을 늘리면 비용 절감에 도움이 될 것 같고요.

리더 그럼 구체적인 계획을 어떻게 세워야 할까요?

리더 그럼 무엇을 중점적으로 검토해야 할까요?

리더 그럼 무엇부터 해야 할까요?

리더의 질문은 팀원의 생각을 촉구하는 것 외에도 팀원이 객관적인 사고를 하고, 상식적인 수준으로 행동할 수 있는 등 긍정적인 효과를 가져다준다.

'만약에' '어떻게 할까요?' 외에도 리더는 팀원에게 여러 가지 다른 질문들을 활용할 수 있다.

리더 다른 계획을 고려하고 있나요?

리더 더 좋은 방법이 있나요?

리더 비슷한 사례는 무엇이 있나요?

이러한 질문을 통해 팀원은 스스로 문제해결을 위한 좋은 방법을 생각하게 되고, 자기 스스로 성과를 만들어 나갈 수 있다.

핵심 포인트

- 리더는 팀원의 의견에 정중하게 의견을 더할 수 있다.
- '만약에' '어떻게 할까요?'라는 질문을 활용한다.
- 질문은 팀원이 좋은 솔루션을 찾도록 이끌어 준다.

수첩에 기록하게 하라

수첩에 기록하는 것도 생각을 촉구하는 데 도움이 된다. 리더와 1on1을 할 때 꼭 필요한 사항은 메모하도록 조언한다. 수첩을 사용하는 것이 도움되는 이유는 다음과 같다.

첫째, 미팅의 집중도를 높인다.

리더와 대화하면서 메모를 하면 리더가 중요하게 생각하는 점을 놓치지 않고 거기에 집중할 수 있다. 다만 팀원이 기록에 너무 의존하는 행동을 보이는 것은 주의해야 한다. 기록하느라 리더와 얼굴을 마주 보지 않고 수첩만 들여다보고 있는 모습은 좋지 않다. 충분한 대화가 끝나고 나면, 리더는 중요하게 생각하는 점을 공유하고 팀원도 같은 내용을 적도록 해서 미팅 내용을 확인하는 것이 좋다.

둘째, 미팅 후의 업무에 대한 책임감을 높인다.

리더와 함께 1on1에서 기록한 내용이 본인이 한 주 동안 해야 할 업무라는 점을 주지하게 된다. 기록하는 팀원과 하지 않는 팀원 중 대개는 기록하는 팀원이 업무에 대한 책임감이 높다.

셋째, 미팅 후의 근거, 기록물로 활용된다.

미팅 후 업무를 하다 보면 지난 미팅 내용을 재점검하거나 되짚어야 할 경우가 있다. 이럴 때 관련 내용을 쉽게 찾을 수 있고, 의사결정을 하는 데 활용할 수 있다.

핵심 포인트

- 필요한 사항은 수첩에 서로 기록하도록 한다.
- 기록한 내용은 업무의 책임감을 높인다.
- 기록한 결과물은 미팅 후의 근거나 리뷰에 도움이 된다.

팀원이 선택할 수 있다는 것을 알게 하라

팀원에게 선택권이 있다는 사실을 알려주는 것도 필요하다. 팀원이 자신에게는 선택권이 없다고 느끼면 생각이 축소되고 의견을 내지 않는다. 어차피 리더가 모든 것을 선택하고 결정할 테니 자신은 지시나 요청에 따르면 된다고 생각한다.

미국의 한 연구(What Makes Employees Feel Empowered to Speak Up?)에서는 구성원들에게 선택권이 있는 기업문화가 자신의 생각을 말하는 데 도움을 준다는 결과가 있었다. 새로운 제품을 출시하든, 사업 진행방식을 변경하든 구성원들이 문제해결 방법을 선택할 수 있어야 한다. 이는 구성원들이 상황을 어쩔 수 없이 그대로 받아들이지 않고 경쟁상황에서 성공을 위해 선택할 수 있는 문화를 의미한다.

리더는 팀원이 적극적으로 의견을 내고 선택할 수 있는 권한을 가졌다는 것을 인식하도록 해야 한다. 팀원이 선택권을 가졌다는 것을 알게 하는 방법은 다음과 같다.

첫째, 팀원의 선택이 조직의 성과에 영향을 준다는 점을 알려준다.

팀원은 업무를 하면서 스스로 크고 작은 선택들을 해나간다. 이때 리더는 팀원의 선택을 인정하고 칭찬하는 것이 효과적이다.

리더 이번에 고객사 초청 프로그램이 아주 좋았어요. 김 책임님의 창의적이고 꼼꼼한 준비 덕분에 행사가 잘 진행되었어요. 특히 프로그램의 세세한 부분까지 꼼꼼하게 신경 썼다고 고객사들이 말하더군요. 회사의 이미지에 좋은 영향을 주었다고 생각해요.

팀원 팀장님께서 그렇게 말씀해 주시니, 다음번에는 고객사들이 더 만족할 수 있도록 좀 더 새로운 방법을 고민해 보겠습니다.

둘째, 팀원의 가치관을 존중한다는 것을 보여 준다.

팀원을 독립된 인격체로서 인정해 준다. 그러면 팀원의 자존감이 올라가서 대안을 선택하는 데 도움이 된다.

리더 새로운 접근인 것 같네요. 조금 가다듬을 필요가 있지만 아주 좋은 아이디어예요. 조금만 더 보완하면 좋겠어요.

팀원 팀장님께서 지적하실까 봐 내심 걱정했는데, 그렇게 말씀해 주시니 저도 다시 한 번 객관적으로 고민해 보겠습니다.

셋째, 다른 사람과 다른 의견이어도 괜찮다고 표현한다.

팀원은 두려움과 거리낌 없이 폭넓은 생각을 말할 수 있어야 한다.

리더 괜찮아요. 이번에 의견을 내지 못했더라도 앞으로 의견을 내면 되죠.

팀원 다른 분들과는 생각이 좀 다른 것 같아서 전체 회의시간에는 의견을 내지 못했어요.

리더 다른 의견도 필요하죠. 그래야 새로운 관점에서 생각해 볼 수 있잖아요. 자기 의견도 꼭 필요하다는 점을 생각해 주시기 바랍니다.

5장

팀원의 행동을 강화하라

#조망하라
#지는_습관
#팀원_집중
#과정을_물어라
#마무리를_잘하라
#이기는_습관
#팀차트
#단계마다_인정
#실패를_두려워_말라

1 on 1

전체적인 조망을 해주어라

팀원의 행동을 강화하기 위해 리더는 팀원이 본인의 일을 전체적으로 조망할 수 있도록 3단계로 나누어 설명해 주는 것이 좋다. 먼저 일의 배경을 설명하고, 팀원의 역할을 설명한다. 그리고 일을 마무리하고 난 후 조직에 공헌한 모습을 미리 설명해 준다.

첫째, 일의 배경, 즉 일의 의미를 설명한다.

팀원이 일의 의미를 알면 목표를 좀 더 구체적으로 이해하고 긍정적으로 일하게 된다. 그리고 어떻게 해야 일을 효율적으로 할 수 있을지 스스로 고민하고 방법을 찾게 된다. 즉, 일의 배경을 설명해 주면 단순히 업무를 수행하는 것을 넘어 폭넓고 깊이 있는 업무를 통해 더 나은 결과를 만들어 내는 데 도움이 된다.

[일의 배경이 누락된 경우]

리더 김 책임님, 회사 전산 프로그램 POV(Point Of View, 가공이 안 된 로 데이터에서 사용자의 요구에 따라 필요한 데이터만 뽑는 프로그램)를 활용해 전전년과 전년 실적 그리고 올해 예상 실적을 포함해 3개년 실적을 정리해 주길 바랍니다.

팀원 "네, 알겠습니다"라고 말하지만, 속으로는 '그런데 단순히 실적만 뽑으면 되는 건가? 어떤 관점에서 봐야 하는 거지?'라고 생각한다.

[일의 배경을 설명한 경우]

리더 김 책임님, 다음 주에 내년 사업계획 수립을 위한 사전 미팅을 진행하려고 합니다. 그래서 올해를 포함해 3개년 실적이 필요해요. 3개년 실적에서 어떤 품목군과 어떤 품목이 성장하고 감소했는지 자료가 필요합니다. 그리고 신규고객의 변동상황도 월별로 있어야 해요. 김 책임님은 회사 전산 프로그램 POV를 활용해 전

전년과 전년도 실적 그리고 올해 예상 실적을 포함해 모두 3개년 실적을 정리해 주길 바랍니다.

팀원 "네, 알겠습니다"라고 말하며, 속으로 '사업계획 사전 미팅이라면 3개년 품목과 신규고객 변동 내용이 필요하겠네. 자료를 정리하는 김에 기존의 전체 고객 수와 더불어 전체 매출액과 고객 객단가까지 전반적인 자료를 미리 준비해 두어야겠어!'라고 생각한다.

둘째, 팀원의 역할을 설명한다.

팀원이 일하면서 조직에 어떻게 기여하는지를 알 수 있는 단계이다. 리더가 지시한 일을 단순히 이행하는 것이 아니라 팀원 자신의 역할이 크든 작든 회사 업무에서 중요한 부분을 맡고 있음을 알아야 한다. 전체적인 업무 프로세스 중에서 팀원이 일정 부분을 책임지고 있다는 사실을 알게 하는 것이다. 팀원이 자신의 역할을 알고 일을 진행한다면 업무에 대한 책임감이 높아진다. 또한 전체 프로세스 중 자신의 역할을 분명히 알게 되므로 관련 부서와 협업도 원활하게 이루어진다.

조직은 혼자서 일하는 것이 아니다. 조직의 공동 목표에 개인의 역할들이 더해져서 성과를 내는 것이다. 따라서 팀원의 역할을 설명해 주면 팀 전체의 효율성이 높아지고, 목표를 성공적으로 달성할 수 있다.

[팀원의 역할에 대한 설명이 없는 경우]

리더 김 책임님, 지난번에 말했던 것처럼 3개년 실적 자료를 만들면 됩니다. 자료만 만들면 되는 거니까, 기한 내에 준비해 주세요.

[팀원의 역할에 대해 설명한 경우]

리더 김 책임님, 지난번에 말했던 것처럼 3개년 실적 자료를 만들면 됩니다. 관련 부서에서 전년도 평가와 내년도 계획을 짜는 데 기초자료가 될 거예요. 김 책임님의 자료가 기초가 되는 중요한 작업이니 잘해 주길 바랍니다.

셋째, 일이 끝난 후 공헌한 모습을 설명한다.

팀원이 조직에 공헌한 모습을 미리 설명해 주면 팀원은 일하면서 동기부여가 되고, 일이 끝나고 나서는 성취감을 가지게 된다. 리더가 팀원의 공헌을 명확하게 설명해 주는 것은 단순한 업무를 넘어, 팀원의 성장과 발전을 위한 중요한 행동이다. 이를 통해 팀원은 자신감을 얻고 조직의 목표 달성에 더욱 기여하게 된다.

[공헌한 모습에 대한 설명이 없는 경우]

리더 김 책임님, 일은 잘 진행되고 있죠? 그거 끝나면 다른 작업을 해야 하니 빨리 마무리합시다.

[공헌한 모습에 대해 설명한 경우]

리더 김 책임님, 이번 일은 내년도 사업계획을 수립하는 데 중요한 역할을 할 겁니다. 초안을 보니 데이터 코딩과 분석이 아주 탁월했어요. 김 책임님 노력 덕분에 시장 동향을 파악하고 전략을 수립하는 데 큰 도움이 되겠더군요.

핵심 포인트

- 일을 전체적으로 조망할 수 있도록 일의 배경을 미리 설명해 준다.
- 팀원이 일하면서 조직에 어떻게 기여하는지를 알게 한다.
- 팀원이 조직에 공헌한 모습을 미리 설명해 준다.

1 on 1

이기는 습관을 심어 줘라

팀원의 행동을 강화하기 위해 리더는 팀원에게 적극적인 사고와 행동을 요청할 수 있어야 한다. 이때 팀원에게 이기는 것도 습관이라는 점을 명확히 인식시켜야 한다. 여기서 '이기는 습관'이란 자신이 맡은 목표를 달성하겠다는 생각과 행동을 의미한다.

사람들은 막연하게 시간이 지나면 잘될 거라고 믿는다. 하지만 '어떻게든 되겠지?' 하는 것은 '이기는 습관'이 아니라 '지는 습관'이다. 1on1을 통해 목표를 꼭 달성하겠다는 생각으로 계획을 수립하고 행동하고 점검해야 한다. 작은 것부터 성공하는 경험을 축적하는 것은 이기는 습관을 들이는 데 도움이 된다. '이기는 습관'은 팀원에게만 해당하는 것이 아니라 리더에게도 반드시 필요하다.

팀원이 지는 것에 너무 익숙한 상황이다. 그렇다 보니 회사가 기대하는 목표를 달성하지 못해도 아무렇지도 않고 어쩔 수 없다는 태도를 보이고 있다.

리더 오늘은 목표 달성에 관한 진도율을 체크하고, 서로 필요로 하는 이슈에 대해 의견을 나누도록 합시다.

팀원 이번 달도 지난달처럼 80% 중반대의 목표를 달성할 것 같습니다. 목표를 100% 달성하는 것은 불가능해 보여요. 추가로 뭔가를 한다고 해도 3% 정도의 실적은 영향을 줄 수 있지만 그 이상은 힘들어 보여요.

리더 그러면 두 달 연속 목표 달성을 하지 못하는 건데, 다른 대안을 생각해 본 적이 있나요?

팀원 제가 맡은 거래처들은 최근 영업성장률도 높지 않아요. 제가 어떻게 한다고 크게 변할 곳이 아니거든요.

이렇듯 팀원이 지는 것에 익숙해 있다면 리더는 1on1에서 이기는 습관을 심어 주어야 한다. 그 이유는 다음과 같다.

첫째, 일을 대하는 생각이 긍정적으로 바뀐다.

부정적인 생각에서 앞으로 좋아지고 나아질 것이라는 긍정적인 생각으로 바뀐다. 긍정적인 생각이란 안 된다는 핑계를 찾는 것이 아닌, 문제를 해결하려는 창의적인 방법을 찾는 것이다.

둘째, 자신감을 높여준다.

작은 성공 경험들이 모이면 팀원 스스로 더 큰 목표에 도전해 볼 의지가 생긴다. 리더가 아닌 팀원이 중심이 되어 문제를 주도적으로 해결하면서 자신감이 생기는 것이다. 리더가 팀원의 일에 자주 참견하거나 마이크로매니징을 하지 말고, 일에 대한 자신감을 심어주면 팀원이 주인공이 되어 일할 수 있다.

셋째, 행동을 강화하고 목표를 달성한다.

팀원이 리더와 함께 목표를 설정하고 실행하는 과정을 반복하면서 목표 달성 능력이 향상된다. 작은 것부터 시작해 점차 큰 목표에 도전할 수 있도록 팀원을 응원하면 목표를 달성해 나갈 때마다 성취감을 느낄 수 있다. 팀원이 지속적으로 목표를 달성하기 위해서는 긍정적인 자기 대화와 새로운 시도를 할 수 있는 분위기를 만들어 주어야 한다.

리더 맞아요. 한 번에 목표 달성을 하기는 쉽지 않을 겁니다. 내가 이야기하고 싶은 것은 목표 달성에 더 다가가기 위해 우리가 할 수 있는 것이 무엇인지를 찾아야 한다는 것입니다. 오늘보다 내일이, 이번 주보다 다음 주가, 이번 달보다 다음 달에 더 성장하도록 함께 노력합시다. 그러기 위해서는 계획 대비 제대로 실행하고 있는지 점검하고 새로운 방안은 무엇이 있는지 살펴봐야 합니다.

팀원 팀장님, 저도 목표를 달성하고 싶어요. 하지만 지금은 턱없이 부족한 상황이라서 자신 있게 말씀드리지 못했습니다.

리더 괜찮아요. 결과를 가지고 잘잘못을 따지지는 않을 거예요. 우리는 하나의 목표를 위해 함께 일하는 사람이잖아요. 우리가 해야 할 과정에 집중하면 됩니다.

팀원 그렇게 이야기해 주시니 당장은 아니더라도 조금씩 나아질 수 있을 것 같네요.

리더 네, 좋아요. 함께해 봅시다. 이기는 것도 습관이고, 지는 것도 습관이라는 점을 기억하세요. 더 힘차게 추진해 봅시다.

1 on 1

팀차트를 활용하라

1on1에서 팀차트를 활용하면 팀원의 행동을 강화하는 데 도움이 된다. 팀차트는 리더와 팀원이 함께 계획하는 것으로, 팀원의 행동을 과거부터 현재까지 점검할 뿐만 아니라 미래까지 그려 보는 데 유용하다. 이러한 팀차트는 조직과 직무의 특성에 따라 캘린더형과 3W1H형 2가지 형태로 적절하게 만들어 활용하면 좋다.

첫째, 캘린더 형태의 팀차트

한 달을 한눈에 볼 수 있는 형태로, 지난주와 이번 주, 다음 주까지 팀원이 어떤 일을 언제 어떻게 할지 알 수 있다. 실행한 것은 과거 형태로 기록하고 계획에 대해서는 서로 논의하면서 점점 더 세밀하게 업데이트해 나가면 된다. 주차별로 상황의 변동성이 심한 부서, 즉 마케팅이나 영업직군에서는 캘린더 형태의 팀차트가 좋다.

캘린더 형태의 팀차트는 작성하는 데 오래 걸리지 않으며, 주간마다 1on1을 하면서 빠르게 수정하고 업데이트해 나갈 수 있다. 엑셀 파일에서 날짜마다 셀 안에 누가 어떤 일을 하는지 등 해야 할 일을 기재한다. 오른쪽의 주차별 점검사항에는 이번 달 프로젝트 완수를 위해 중점적으로 확인해야 할 사항들을 기록한다. 팀차트를 보면 해당 팀원이 어떤 일을 해야 하는지 구체적으로 와닿기 때문에 팀원의 행동이 강화된다.

예시) 가맹점 영업관리를 위한 본사 영업팀 팀차트	금월 주요 추진 사항	1. 금월100%초과 달성관리	2. 신규가맹점 개설관리	3. 혁신사례 발굴 보고	4. 누계 실적 100% 관리	5. 팀원 해외출장 공백 관리
	월	화	수	목	금	주차별점검사항
	1일	2일	3일	4일	5일	1주차 : 본사전략 참여여부
□ 어떤일을 할 것인가?	□ 가맹점 영업전략 공지	□ 본사 영업전략 참여 조시	□ 영업 3일차 실적점검	□ 신제품 취급 현황 점검	□ 지방 거점 출장	□ 본사 영업전략 참여율
□ 누가 할 것인가?	□ 김OO 프로	□ 이OO 프로	□ 홍OO 프로	□ 송OO 프로	□ 이OO 팀장	□ 1주차 목표대비 진도율
□ 결과물은 무엇인가?	□ 가맹점별 이메일 수신	□ 본사 영업전략 도전여부	□ 영업3일차거래처별실적	□ 가맹점 신제품 출고실적	□ 본사 영업전략 도전여부	□ 신규 가맹점 후보지역
8일	9일	10일	11일	12일	13일	2주차 : 영업실적 중간점검
□ 어떤일을 할 것인가?	□ A 신규점 후보자 면담	□ B신규점 후보자 면담	□ 우수가맹점 연수준비	□ 신규점 후보자 계약	□ 2주차 실적 점검	□ 가맹점별 특이사항 점검
□ 누가 할 것인가?	□ 김OO 프로	□ 이OO 프로	□ 홍OO 프로	□ 송OO 프로	□ 홍OO 프로	□ 2주차 목표대비 진도율
□ 결과물은 무엇인가?	□ 본사 방문 일정 점검	□ 본사 방문 일정 점검	□ 해외연수 사전점검	□ 계약전 법적사항 점검	□ 매출, 품목 등 자료 점검	□ 신규점 가맹계약 체결
15일	16일	17일	18일	19일	20일	3주차 : 신규가맹저 개설
□ 어떤일을 할 것인가?	□ 금월 영업후반 스팟전략	□ 금월 혁신위원회 참여	□ 팀 중간 실적 점검	□ 신규점 인테리어 점검	□ 3주차 실적 점검	□ 가맹점별 맞춤전략시행
□ 누가 할 것인가?	□ 김OO 프로	□ 이OO 팀장	□ 이OO 팀장 & 팀원 전원	□ 송OO 프로	□ 홍OO 프로	□ 3주차 목표대비 진도율
□ 결과물은 무엇인가?	□ 후반전 전략 수신 점검	□ 영업팀 혁신사례 도출	□ 팀원 전체 의견 수렴	□ 공정 진도율 보고	□ 매출, 품목 등 자료 점검	□ 신규점 인테리어 점검
22일	23일	24일	25일	26일	27일	4주차 : 월말영업마감 점검
□ 어떤일을 할 것인가?	□ 익월 생산 판매회의	□ 익월 신규점 후보자 면딛	□ 우수가맹점 해외연수	□ 신규점 인테리어 완료	□ 4주차 실적 점검	□ 본사 영업전략 참여율
□ 누가 할 것인가?	□ 이OO 팀장 & 홍프로	□ 이OO 프로	□ 홍OO 프로	□ 송OO 프로	□ 홍OO 프로	□ 4주차 목표대비 진도율
□ 결과물은 무엇인가?	□ 익월 판매예상 수량점검	□ 가맹점 사업계획 접수	□ 해외연수 이후 보고서	□ 초도물량 출고	□ 매출, 품목 등 자료 점검	□ 신규점 초도물량 출고
29일	30일	31일				5주차 : 익월영업전략 수립
□ 어떤일을 할 것인가?	□ 월마감보고서 작성	□ 익월영업전략 팀세미나				□ 누계 영업실적 점검
□ 누가 할 것인가?	□ 김OO 프로	□ 이OO 프로				□ 월마감보고작성
□ 결과물은 무엇인가?	□ Learning Point 반영	□ Best & Bad 사항 점검				□ 익월영업전략세미나

둘째, 3W1H 형태의 팀차트

3W1H 형태에서는 누가who, 무엇을what, 언제까지when, 어떻게how 할 것인지 좀 더 자세하게 기록할 수 있다. 팀의 일하는 문화를 개선하는 데 도움이 되고, 팀원이 일하는 방식을 계획하고 실행하고 점검하는 데 활용할 수 있다. 속도보다는 정확성이 필요하고 업무가 주변에 영향을 줄 수 있는 기획부서와 재무부서에서 활용하기에 적합하다.

팀차트는 1on1에서 논의한 내용을 지속적으로 공유하고 소통할 수 있다는 장점이 있다. 처음에는 번거로워 보일 수도 있지만 리더와 팀원이 함께 3개월 정도만 시행해 보면 익숙해진다. 나중에는 이러한 템플릿 없이 미팅하는 것이 어색하게 느껴질 것이다.

핵심 포인트

- 팀원의 행동을 강화하기 위해 팀차트를 활용한다.
- 누가, 무엇을, 언제까지, 어떻게 할 것인지를 체크할 수 있다.
- 팀차트는 팀원과 함께 논의해서 만드는 것이 효과적이다.

예시) 가맹점 영업관리를 위한 본사 영업팀 팀차트

WHY	왜 해야 하는가?	금월 우리 가맹점 영업팀 목표 달성으로 연말 인세티브 300%를 위함	
	목표 달성시 모습	금월 우리 가맹점 영업팀 목표 달성으로 누계 100%를 유지할 수 있음	
WHAT	주차별 점검사항	목표	
		결과 지표	지표 설명 및 결과 계산식
	1. 금월100%초과 달성관리	□금월 목표 100억 매출관리	□ 금월 목표 100억 목표 대비 100% 달성
	2. 신규가맹점 개설관리	□금월 신규 개맹점 1개 개설	□ 후보자 3개 지역 중 금월 경기도 지역 1개 개설
	3. 혁신사례 발굴 보고	□ 영업혁신 사례 발굴 1개	□ 영업 혁신 사례 (고객관리, 조직관리, 영업관리 사례 중)
	4. 누계 실적 100% 관리	□ 누계실적 달성률	□ 금월까지의 누계실적 100% 초과달성 (매출, 제품 측면)
	5. 팀원 해외출장 공백 관리	□ 베트남 우수가맹점 투어	□ 우수가맹점 20개 선정 베트남 인센트립 해외연수 진행

	담당자	업무 목표	결과물	협업부서
WHO	이OO 팀장	□ 본사 영업전략 참여율 점검	□ 영업전략 참여 현황표	□ 마케팅, 영업지원팀
		□ 가맹점별 맞춤전략시행	□ 가맹점별 프로모션 지원표	□ 마케팅, 영업지원팀
		□ 신규점 개설 점검	□ 신규점 법적 기준 결과물	□ 영업지원팀
	김OO 프로	□ 가맹점 영업전략 공지	□ 영업전략서 공유용	□ 영업지원팀
		□ A신규가맹점 후보자 면담	□ 신규후보자 면담 결과서	□ 영업지원팀
		□ 익월 생산, 판매회의	□ 익월 판매예상 수량 정리	□ 마케팅, 경영관리팀, 생산팀
	차OO 프로	□ 영업전략 참여현황 조사	□ 본사 영업전략 출고실적	□ 영업지원팀
		□ B신규가맹점 후보자 면담	□ 신규후보자 면담 결과서	□ 영업지원팀
		□ 익월 영업전략 세미나 준비	□ 익월 영업전략 자료(초안)	□ 마케팅, 영업지원팀
	홍OO 프로	□ 우수가맹점 해외연수 준비	□ 해외연수 품의서, 보고서	□ 경영관리팀, 영업지원팀
		□ 우수가맹점 선정	□ 해외연수 목표달성 자료	□ 경영관리팀, 영업지원팀
		□ 우수가맹점 해외연수 보고	□ 해외연수 보고서, 업체정산	□ 경영관리팀, 영업지원팀
	송OO 프로	□ 신제품 취급 현황 점검	□ 금월 신제품 영업현황표	□ 마케팅, 영업지원팀
		□ 신규점 후보자 계약	□ 신규점 후보자 가맹계약서	□ 마케팅, 영업지원팀
		□ 초도물량 출고	□ 신규점 출고결과	□ 마케팅, 영업지원팀

		요일	실행 계획 및 실행 여부점검
HOW	이OO 팀장	1주차	□ 본사 영업전략 참여율, 가맹점 거점 지역 출장
		2주차	□ 가맹점별 특이사항 점검, 후반전 스팟전략 점검
		3주차	□ 신규점 계약 진행사항 점검
		4주차	□ 월말 마감보고, 차월 영업전략 준비
	김OO 프로	요일	실행 계획 및 실행 여부점검
		1주차	□ 가맹점 금월 영업전략 공지 및 수신체크, 문의사항 응대
		2주차	□ A신규가맹점 후보자 면담
		3주차	□ 익월 생산, 판매회의 준비, 익월 품목별 예상 판매수량 준
		4주차	□ 신규점 출고결과
	차OO 프로	요일	실행 계획 및 실행 여부점검
		1주차	□ 본사 영업전략 참여현황 조사, 특이사항 점검 및 보고
		2주차	□ B신규가맹점 후보자 면담
		3주차	□ 익월 신규가맹점 후보자 리스트업 및 후보자 면담 후 보고
		4주차	□ 익월 영업전략 세미나 자료 준비 후 보고
	홍OO 프로	요일	실행 계획 및 실행 여부점검
		1주차	□ 1주차 영업현황 자료 준비 및 보고
		2주차	□ 해외연수 참여 우수가맹점 선정 후 품의
		3주차	□ 해외연수 관련 준비사항 여행 점검
		4주차	□ 해외연수 인솔 및 진행
	송OO 프로	요일	실행 계획 및 실행 여부점검
		1주차	□ 1주차 신제품 취급현황 점검 및 보고
		2주차	□ 2주차 신제품 취급현황 점검 및 특이점 도출
		3주차	□ 3주차 팀 전체 실적 특이점 도출 4주차 영업마감 준비
		4주차	□ 4주차 영업 마감 후 5주차 영업성과 보고 자료 작성

1 on 1

팀원이 집중할 수 있도록 하라

리더는 팀원이 맡은 업무에 집중하고 있는지 잘 살펴봐야 한다. 이를 위해서는 팀원의 말을 충분히 경청하면서 팀원이 어떤 상황에 놓여 있는지 파악할 필요가 있다. 팀원이 업무에 집중하지 못하는 데는 다양한 이유가 있는데, 리더는 팀원의 상황을 잘 살펴보고 적절한 조치를 해주어야 한다.

첫째, 이해관계자와의 상호작용에 너무 많은 시간을 빼앗긴다.

여기서 이해관계자는 관련 부서, 외부업체 담당자 등 하는 일에 따라 영향을 주고받는 상대를 말한다. 이들과의 업무에 너무 많은 시간을 빼앗기면 리더가 팀원의 업무 중 일부를 다른 팀원의 업무와 통합하거나 프로세스를 변경해 주어야 한다.

팀원 영업1팀에서 영업 현황을 쉽게 볼 수 있도록 매일의 실적을 대시보드dashboard 형태로 올려달라고 합니다. 이 업무만 줄어들어도 중요한 업무에 좀 더 집중할 수 있을 것 같아요.

리더 그렇군요. 우리 부서에서 영업실적을 정리할 사람을 정하죠. 한 사람이 담당해서 모든 영업팀의 영업실적 자료를 올리는 것으로 프로세스를 변경할게요. 그리고 앞으로 영업팀에서 필요로 하는 자료는 영업팀에서 직접 만들도록 협의하겠습니다.

둘째, 익숙지 않은 일이어서 집중하지 못한다.

처음 해보는 일이라 어떻게 해야 할지 몰라 막연한 두려움을 가지고 있는 상황이다. 팀원은 지금 하고 있는 방법이 맞는지 리더에게 일일이 물어보는 것조차 부담되어 말하지 못한다. 이런 경우는 리더가 초반에 더 많은 가중치를 가지고 업무를 진행하다가 나중에 팀원이 혼자 할 수 있도록 넘겨줄 필요가 있다.

리더 발령 나고 처음 하는 일이죠?

팀원 네, 새로운 업무가 낯설어서 아직 잘 모르겠습니다.

리더 처음이라서 그래요. 우선 나와 함께해 보면, 그다음부터는 혼자서도 잘해 낼 수 있을 거예요.

팀원 네, 팀장님. 자주 물어보면서 해도 되죠?

셋째, 다른 고민으로 집중하지 못한다.

이직을 원하고 있거나, 업무를 추진해야 하는 상대가 부담스러운 경우도 있다. 때로는 업무 인수인계 과정에서 사전에 충분한 논의 없이 업무를 받으면 자기 일이 아니라고 생각하는 경우도 있다. 이러한 상황에서는 팀원의 이야기를 충분히 들어보고, 팀원이 스스로 해결방법을 찾을 수 있도록 리더가 질문하고 코칭하는 것이 필요하다. 리더의 질문을 통해 팀원이 해결방법을 찾았을 때 비로소 업무에 집중하고 목표를 달성할 가능성도 커진다.

팀원 제가 원해서 발령 난 것도 아니고, 사실 동기부여가 잘 안 되네요. 업무에 집중하려고 해도 잘 안 될 때가 많습니다. 죄송합니다.

리더 어려운 이야기일 텐데 솔직하게 이야기해 줘서 고마워요. 조금 시간을 가지고 어떻게 업무에 집중할 수 있을지 고민해 보면 어떨까요? 우리는 단거리가 아니라 장거리를 함께 뛰는 선수입니다. 다음 주에 다시 이야기 나누죠.

(일주일 후)

팀원 배려해 주셔서 감사합니다. 한 주 동안 새로운 일을 하나씩 배워 가다 보니 잘해 볼 수 있겠다는 생각이 들었어요. 일하면서 모르는 게 있으면 팀장님과 상의할게요.

리더 네. 언제든지 물어보세요. 혼자만의 업무라고 생각하지 말고 함께 만들어 간다는 생각으로 합시다. 긍정적으로 생각해 주고 할 수 있다는 자신감을 보여 줘서 좋네요.

리더의 역할은 구성원의 성장을 돕는 것이다. 팀원이 집중하지 못할 때는 편안한 분위기에서 본인의 상황을 충분히 말할 수 있도록 배려해 주자. 노스캐롤라이나 샬롯주립대학교의 스티븐 로겔버그 교수는 "팀원과의 면담 시 50% 이상 90%까지 경청해야 한다"고 말한다. 팀원이 본인의 이야기를 남김없이 이야기했을 때, 리더에게 마음을 열고 리더가 제시하는 방향이나 비전을 받아들이며 집중할 가능성이 커진다는 점을 기억하자.

1 on 1

단계마다 인정하고 작은 성공을 축하하라

1on1은 리더와 팀원이 서로 수평적인 관계에서 팀원의 성장에 초점을 맞추고, 목표 달성으로 조직에 공헌하기 위한 과정이라는 점을 다시 한 번 기억하자. 리더는 팀원과의 1on1에서 단계마다 팀원의 업무 성공을 축하하고 응원할 필요가 있다.

패스트컴퍼니의 공동창업자 빌 테일러Bill Taylor는 조직에서 하기 싫어하는 일을 어떻게 하면 하게 만들 수 있는지에 대해 연구했다. 우선 팀원에게 작고 쉬운 부탁을 하는 것으로 시작하는 전략이 필요하다. 이 전략이 통하는 이유는 사람에게는 이미 쌓아 놓은 신뢰를 깨고 싶지 않는 속성이 있기 때문이다. 부탁을 한 번 들어주고 나면 일종의 의무감과 신뢰 관계가 형성되는데, 그러면 더 큰 부탁을 요청해도 흔쾌히 들어주게 된다. 작은 단계들이 차례차례 모이고 쌓여 큰 변화로 향하는 길이 닦이는 것이다. 이러한 단계마다 리더는 팀원의 행동을 인정하고 작은 성공에 대해 칭찬해 줘야 한다.

미국의 리더십 컨설팅 기업 젠거포크먼의 공동대표인 잭 젠거Jack Zenger는 "팀원을 인정하면 팀원의 생산성, 사기, 실적, 고객만족, 근속기간도 향상된다"고 말한다. 하지만 여전히 많은 리더들이 팀원을 인정하는 데 서투르다고 한다. 잭 젠거의 연구팀이 수만 명을 대상으로 실시한 360도 다면평가 연구에서는 팀원을 인정하는 상위 10% 리더의 팀원들은 69%가 업무에 적극적으로 참여하는 것으로 나타났다. 대조적으로 하위 10% 리더의 팀원들은 업무몰입에 적극적이라고 응답한 숫자가 27%에 불과했다.

잭 젠거는 전 세계 1만 2,000명의 직장인을 대상으로 인정을 주고받는 것에 대한 선호도를 조사하기도 했다. 대부분의 직장인들이 인정받는 것을 싫어한다고 말했는데, 그 이유는 무대 위에 올라가 스포트라이트를 받는 것이 부담스럽기 때문이라고 한다. 하지만 여기서 핵심은 인정받은 것 자체를 싫어하는 것이 아니라는 점이다. 결국 사람들이 부담스러워하는 것은 전달방식에 대한 불편함이다. 하지만 1on1은 리더와 팀원이 1:1로 하는 것이기 때문에 서로가 충분히 인정하고 칭찬할 수 있는 좋은 여건이 된다.

업무의 단계마다 팀원을 인정하고 칭찬하는 좋은 방법이 있다. 바로 진정성, 구체성, 잦은 빈도이다.

첫째, 진정성 있게 칭찬한다.

팀원의 성장에 초점이 맞춰져 있다는 점을 표현해야 진정성이 느껴진다. 단순히 '잘했어요' '수고했어요'라고 말하는 것은 팀원의 성장을 도모하기에는 조금 부족한 표현이다. '잘했어요, 지난주보다 훨씬 좋네요' '수고했어요. 조직은 물론 본인의 발전에도 도움이 될 거예요'라고 조금 더 구체적으로 표현하는 것이 좋다. 리더가 진정으로 팀원을 아끼고 성장시켜야겠다는 생각이 있으면 자연스럽게 표현할 수 있다.

둘째, 구체적으로 표현한다.

구체적으로 표현하면 진정성이 더 많이 부각된다. 지난주 계획과 실행한 점에 대해 구체적으로 인정해 주자. '잘했습니다'

라고만 말하면 무엇을 잘했는지를 알기 어렵다. 팀원이 지난 일주일 동안 어떤 일을 잘했는지, 얼마나 잘했는지, 업무에 대해 정확하게 짚어 가면서 설명한다. 구체적으로 인정해 주면 팀원은 자신이 조직에 공헌했다는 것을 알 수 있다.

"김 책임님이 중요한 거래처 미팅에서 고객의 잠재적 요구를 찾아 제안한 것에 대해 거래처가 만족하고 긍정적으로 검토하기로 했습니다. 애초에 이야기하기로 했던 과제 외에 추가 자료를 준비해서 시사점을 잘 전달한 것으로 보입니다. 아주 좋았고, 수고했습니다."

셋째, 자주 하는 것이 좋다.

우리 팀장님은 칭찬을 너무 자주 한다고 불평하는 팀원이 있을까? 최근 1on1에서 팀원을 인정하고 칭찬한 사례가 얼마나 있었는지 돌이켜 보자. 누구나 인정하고 칭찬하는 것이 중요하다고 생각하지만 실천하는 리더는 그리 많지 않다. 1on1의 관점을 바꿔서 내가 하고 싶은 말이 아니라 상대방이 듣고 싶은 말을 해주는 것이 필요하다. 인정하고 칭찬해야겠다는 생각을 넘어 실천으로 보여주자. 1on1은 인정하고 칭찬하는 리더의 행동이 필요한 미팅이다.

1 on 1

결과를 묻지 말고 과정을 물어라

어떻게 하면 팀원의 행동을 강화할 수 있을까? 어떻게 하면 팀원이 업무에 집중할 수 있을까? 이를 위해서는 리더가 결과를 따지지 않고 과정에 대해 묻는 것이 큰 도움이 된다. 팀의 전체적인 성과관리 관점에서 볼 때 결과는 리더의 문제이지 팀원의 문제가 아니다. 팀원에게 결과에 대한 책임을 지우는 것은 리더가 책임을 회피하려는 모습이다. 팀의 성과는 팀장의 책임이고, 사업본부의 책임은 본부장의 책임이다. 즉, 결과는 리더의 책임이고, 과정은 팀원의 책임이다.

리더가 결과를 물었을 때 나타나는 팀원의 반응과 과정을 물었을 때 나타나는 반응은 크게 다르다. 결과를 물었을 때 팀원은 경직된다. 특히 기대하는 결과를 못 냈을 경우 의도적으로 리더를 멀리하고, 리더의 질문에 대해 핑계를 찾으려고 한다. 그리고 수동적으로 행동한다. 이처럼 리더가 결과만 중시하면 과정은 간과하게 되고 팀원은 성장할 기회를 얻지 못한다.

반면 리더가 과정을 중요시할 때는 미팅의 효과가 달라진다. 리더가 결과에 대해 지적하지 않는다는 것을 알기에 팀원은 과

리더가 결과를 물을 때	리더가 과정을 물을 때
팀원의 행동이 경직된다	팀원의 행동이 자연스럽다
리더를 경계하고 멀리한다	리더를 경계하지 않는다
혼자라는 생각으로 미팅이 두렵다	함께라는 생각으로 미팅이 두렵지 않다
핑계를 찾는다	대안을 찾는다
결과를 예측하고 안 되면 포기한다	과정에 집중하고 실행하려 한다
수동적인 모습을 보인다	능동적으로 행동한다
성장할 기회를 빼앗긴다	성장의 경험을 쌓는다
책임지지 않는 리더를 원망한다	함께 고민하는 리더를 존경한다
결과를 달성했다, 못했다만 생각한다	준비와 실행 과정에서 배울 점을 찾는다
지적하고 질책하는 상황으로 변질된다	의미 있는 피드백이 가능하다

정에 대해 편하고 자연스럽게 설명한다. 또 리더와 함께 과정에서 대안을 찾으려 한다. 결과가 잘 나오든 안 나오든 상관없이 과정을 보고 인정해 주니 팀원은 리더가 보지 않아도 충분히 집중하고 성과를 내려고 노력한다. 팀원 스스로 리더에게 피드백을 받은 내용과 실행한 내용을 검토하고 앞으로 성장할 점을 찾는다.

그럼 리더는 왜 팀원에게 과정을 묻지 않고 결과를 묻는 것일까? 여러 가지 이유가 있겠지만 크게 2가지로 정리해 볼 수 있다.

첫째, 외부적인 압력 때문이다.

특히 상위 리더가 압력을 가했을 때 이러한 현상이 나타난다. 리더에게도 상사가 있다. 상사가 높은 결과나 단기적인 성과를 요구할 경우 리더는 팀원에게도 결과를 강조한다. 또한 치열한 경쟁에 놓여 있는 조직과 결과중심적인 조직문화를 가진 회사일수록 리더가 결과를 강조하는 경우가 많다.

하지만 결과에 대한 외부적인 압력이 있다 할지라도 팀원에게 결과로 압력을 가해서는 안 된다. 위에서 내려온 것을 여과없이 그대로 전달한다면 리더가 아니라 단순한 메신저에 불과하다.

메신저 리더 나도 이런 말은 하고 싶지 않은데, 결과가 중요하잖아요. 과정이 뭐가 중요하죠? 우리에게 필요한 것은 결과예요. 실적을 내야 한다고요. 이럴 거면 담당자가 왜 필요하겠어요? 알아서 결과를 만들어 오세요.

진정한 리더 우리는 목표를 달성하기 위해 최대한 노력해야 합니다. 위에서도 우리에게 기대하는 것이 있어요. 결과는 과정을 어떻게 운영했는가에 따라 달라집니다. 결과 자체보다 어떻게 하면 좋은 결과를 낼지에 대해 구체적으로 논의하고 실행해야 합니다. 결과는 내가 책임질 테니 여러분은 최선을 다해 집중해 주세요.

둘째, 개인적인 성향 때문이다.

리더가 결과지향적인 성향이거나, 책임에 대한 불안감을 가진 경우이다. 하지만 현명한 리더는 결과보다 과정을 강조한다. 결과를 무시하라는 것이 아니다. 결과는 리더의 책임이라는 점을 항상 기억하고, 팀원이 과정을 통해 성장하도록 최대한 관심을 가져야 한다.

리더가 결과만 강조하다 보면 팀원들의 감정과 에너지가 소모되고, 창의성이 저하되는 등의 부작용이 따른다. 결국 1on1

도 원하는 방향으로 운영하기 어렵고, 결과도 제대로 내지 못하는 악순환이 반복된다.

상시관리, 중간관리, 과정관리라는 말이 있다. 리더가 항상 팀원과 과정을 관리해서 결과를 만들어 내야 한다는 것이다. 그것이 리더의 역할이자 진정한 리더의 행동이다. 1on1은 이러한 리더의 역할과 진정한 리더를 위한 소중한 장場이 된다는 점을 기억하자.

핵심 포인트

- 결과가 아닌 과정을 관리한다.
- 리더가 과정을 관리해야 제대로 된 1on1이 가능하다.
- 상시관리, 중간관리, 과정관리를 하는 리더가 진정한 리더이다.

실패를 두려워하지 않도록 하라

항상 잘할 수는 없다. 그러므로 팀원이 실패하더라도 두려워하지 않도록 해야 한다. 팀원이 자기 일에서 실수하거나 실패했을 때 리더가 어떻게 행동해야 하는지 알아보자.

첫째, 팀원의 실수에 대해 공감한다.

팀원의 입장이 되어서 속상한 부분에 대해 함께 이야기를 나눠 보자. 그렇다고 실수를 그대로 수용하라는 것은 아니다. '생각대로 되지 않아서 속상했겠네요' '일부러 그런 것도 아닌데 괜찮아요'와 같이 리더가 공감의 표현을 했을 때 팀원도 자신의 실수를 솔직하게 인정한다. 그리고 다음에는 실수하지 않고 성공할 수 있는 대안을 구체적으로 제안한다. 이때 주의할 점은 리더가 공감하면서 팀원의 하소연을 들어주는 시간이 되어서는 안 된다는 것이다. 하소연으로 일관하면 자칫 과거에서 빠져나오지 못할 수 있다. 어느 정도 팀원의 말을 경청하고 공감하고 난 다음에는 앞으로 어떻게 해결해 나갈 것인지 분위기를 전환해 주어야 한다.

둘째, 긍정적인 부분을 찾아서 응원한다.

실패 속에서도 팀원이 잘한 점이 있을 것이다. 이 점을 찾아서 응원하는 것이 필요하다. 팀원이 보여 준 노력이나 시도를 언급하면서 격려한다. "앞으로 잘할 수 있을 거예요. 이번 경쟁 PT에서 수주하지는 못했지만, 충분히 훌륭한 PT였습니다. 짧은 시간에 자료를 꼼꼼히 준비했고, 발표도 좋았어요."

셋째, 솔직하고 구체적으로 피드백한다.

솔직하고 구체적인 피드백이 필요한 이유는 팀원이 성장할 수 있는 기회를 제공하기 때문이다. 리더는 가끔 팀원과의 관계를 우려해 솔직한 피드백을 하지 않는 경우가 있다. 팀원이 기분 나빠하면 앞으로 관계가 불편해질 것을 우려해서다. 하지만 리더는 1on1의 의미와 목적을 반복적으로 설명해야 한다. '1on1은 리더와 팀원이 목표 달성으로 조직에 공헌하는 과정에서 팀원의 성장을 도모한다'는 점을 팀원이 인식한다면 피드백을 자연스럽게 받아들인다.

넷째, 사전에 가이드라인을 제시하고 협의한다.

팀원의 실패를 최소화하는 것이 리더의 역할이다. 리더는 사전에 실패할 가능성을 점검하고 팀원이 시행착오를 최소화할 수 있도록 안내하는 것이 필요하다. 리더는 팀원의 업무에 대해 더 많은 경험과 정보를 가지고 있다. 주의할 점은 마이크로매니징을 한다는 느낌이 들지 않도록 설명해야 한다는 것이다.

리더 이번 신규사업은 산업통상자원부에서 시행하는 산업 내의 법적 규제를 일시적으로 면제해 주는 규제샌드박스라는 제도하에서 실시하는 사업입니다. 혹시 진행하면서 궁금한 점이 있으면 언제라도 물어보세요.

팀원 규제샌드박스의 절차를 보니 신청 후 심의절차가 있던데요. 어떤 쪽에 주의해서 준비해야 할까요?

리더 심의절차는 규제샌드박스 제도를 활용하는 데 아주 중요한 단계입니다. 이것을 넘어서야 하죠. 심의절차에 대한 사업계획서와 심의위원이 어떻게 구성되는지 알려줄게요. 먼저 관련 양식을 준비하고 기초적인 학습을 한 후에 다음 미팅에 참여해 주세요.

팀원 팀장님이 사전에 자세히 가이드해 주셔서 규제샌드박스 신청이 잘 통과되었어요. 다른 회사는 결격 사유가 있어서 떨어진 곳도 있던데요. 감사합니다.

다섯째, 실패한 원인을 알 수 있도록 질문한다.

실패를 성장의 기회로 삼아야 한다. 당장은 실패했더라도 개인이 성장해야 조직이 건강해진다. 실패한 상황이 불편하고 기억하기 싫다고 해서 그냥 넘어가는 것은 좋지 않다. 실패 경험을 바탕으로 새로운 시각을 가지고 문제를 해결할 수 있도록 돕는 것이 리더의 역할이다.

리더 이번 일을 통해 생각해 본 점들이 있나요?

리더 계획대로 이루어지지 않은 가장 큰 이유가 무엇이라고 생각해요?

리더 이번에 아쉬운 점들이 있었지만, 다음번에는 어떤 것들을 보완하면 좋을까요?

리더가 팀원의 실패에 대해 어떻게 대응하는가에 따라 팀원의 성장, 팀워크의 강화, 조직의 성과에도 영향을 준다. 특히 팀원이 자신의 실패를 부정적으로 판단하지 않고 성장의 기회로 생각한다고 느낄 때 리더의 영향력이 높아진다.

핵심 포인트

- 팀원의 실수에 대해 공감하고, 긍정적인 부분을 찾아 응원한다.
- 팀원에게 솔직한 피드백을 하고 가이드를 제시한다.
- 실패의 원인을 찾을 수 있는 질문을 통해 성장의 기회로 삼도록 한다.

1 on 1

마무리를 잘하라

리더는 1on1을 시작하기 전에 미리 준비할 것도 있고, 미팅을 진행하면서 챙겨야 할 사항(관계 형성, 성과 논의, 생각 촉구, 행동 강화)들도 많다. 마지막으로 1on1을 마무리할 때 참고해야 할 것들을 알아보자.

첫째, 구체적인 행동계획을 점검하고 궁금한 점이나 누락된 점이 있는지 확인한다.

오늘 미팅에서 구체적인 목표와 계획이 논의되었다면 리더가 팀원에게 내용을 정리해서 말해 보라고 한다. 빠진 내용이 있거나 잘못 이해하고 있는 점이 발견된다면 리더가 의견을 더해서 보충한다. 그러고는 팀원 입장에서 궁금하거나 리더에게 도움을 요청할 내용이 없는지 질문을 통해 점검한다.

리더 혹시 궁금하거나 이해가 안 되는 점이 있나요? 편하게 물어보세요. 김 책임님이 말한 것처럼, 다음 주까지 A프로젝트 관련 데이터 분석을 완료하고, 결과를 바탕으로 발표자료를 준비해 봅시다. 미팅 이후에라도 필요한 의사결정이나 요청사항이 있으면 언제든지 얘기하세요.

둘째, 미팅한 내용을 팀차트나 이메일로 공유한다.

1on1의 내용을 팀차트나 이메일로 서로에게 공유하는 것이 좋다. 미팅 결과를 기록해서 필요할 때 참고하면 팀원의 업무실행 과정에 도움이 된다. 리더가 어떤 것에 관심이 높았고, 어떤 것을 리더와 합의했는지를 명확하게 점검할 수 있다.

팀원이 미팅 결과를 요약해서 보내 오면 리더는 수고했다는 회신과 함께 팀원에게 도움이 되는 자료를 첨부하는 것도 좋다. 팀원은 업무에 도움되는 자료를 받으면 리더가 팀원에게 관심이 있고 일을 통한 성장을 지원하고 있다는 것을 느낀다.

셋째, 적극적으로 참여한 것에 대해 감사의 마음을 표현한다.

회사 업무 중에 당연한 행동이지만 팀원이 적극적으로 의견을 낸 것에 대해 감사함을 표현한다. 1on1은 지속적으로 리더와 팀원이 함께 참여한다는 점에서 리더가 먼저 팀원에게 감사함을 표현하는 것이 좋다.

리더 김 책임님, 오늘 미팅 좋았습니다. 다음 주에 실행해야 할 것들이 구체적으로 나온 것 같아요. 이렇게 하면 이번 분기 이후에 성과가 나타날 것이고, 개인적으로도 좋은 성장의 경험이 될 거예요.

팀원 팀장님께서 그렇게 생각해 주시니 저도 고맙습니다. 다음 주 미팅에서 뵙겠습니다.

1on1은 리더와 팀원이 과정에 집중해서 성과 목표를 달성하는 동시에 팀원의 성장과 행복도 포함해야 한다는 점을 다시 한번 기억하자. 팀원의 커리어패스와 개인이 가진 미래의 비전을 이루어 낼 수 있도록 1년 이상의 장기적인 로드맵을 가지고 상담하는 것이 필요하다. 리더와 팀원이 1on1 미팅 내용을 〈1on1 Meeting Sheet〉 등으로 정리하는 것도 좋은 방법이다. 팀원의 성장 로드맵을 실현해 나가는 데 도움이 될 것이다.

1on1 Meeting Sheet			
일시	년 월 일 시 분 ~ 시 분	장소	
팀원	______ 팀 ________ 님	리더	
미팅 핵심내용			
의사결정 또는 리더, 팀원 합의사항			
관련 부서나 상급자에게 요청할 사항			

1on1이 곤란할 때 이렇게 하세요

#잘하고_있다는_팀원

#연하리더_연상팀원

#중간만_가는_팀원

#저성과자

#카메라_끄자는_팀원

#열정없는_팀원

#눈치보이는_팀원

#라떼라는_팀원

#존중받지_못하는_팀원

1 on 1

혼자만 잘하고 있다는 팀원과 1on1 할 때

주변의 시선은 아랑곳하지 않고 본인만 잘하고 있다고 굳게 믿는 팀원이 있다. 1on1에서도 팀원의 말과 태도를 보면 자존감이 매우 높다는 것을 알 수 있다. 미팅이나 회식 자리에서 이렇게 말하는 팀원도 있다.

팀원 팀장님이 보시기에 제가 제일 든든하지 않나요? 팀장님이 뭐라고 지시하지 않으셔도 알아서 척척 하잖아요. 저도 나중에 팀장이 되면 저 같은 팀원이 있으면 좋겠어요.

팀원 선배님, 아니 형님(술에 취하니 리더를 선배님이나 형님이라고 부른다), 저 올해 인사고과 최고점수 주셔야 합니다.

리더 많이 취했네. 갑자기 왜 그래?

팀원 형님, 제가 일을 제일 잘하고, 제일 많이 하지 않습니까? 맞잖아요? 이번 인사고과 때 점수 잘 주셔야 저도 승진하는 데 문제없거든요. 하여튼 이번 인사고과 점수 잘 주십시오. 잘 주실 거라고 믿습니다.

이런 태도를 보이는 팀원과 1on1을 꾸준히 해야 하는 상황이라면 어떻게 해야 할까? 이런 태도로 1on1이 제대로 진행될까? 팀원이 스스로 이미 잘하고 있다고 생각하는 것은 본인 스스로 성장의 기회를 놓치는 태도라고 할 수 있다.

이런 팀원에게는 2가지 질문을 통해 관점을 개선해 줄 필요가 있다.

첫째, 성과의 개념을 어떻게 인식하고 있는지 질문한다.

성과는 리더가 기대하는 것을 달성한 상태를 말한다. 넓은 의미로는 관련 부서나 고객까지 그들이 기대하는 것을 달성한 상태이다. 만약 팀원의 업무와 관련된 상대가 기대하는 결과를 만들어 내지 못했다면 진정한 성과라고 볼 수 없다. 한편으로 실적은 일에 대한 결과를 측정한 값이므로 일하는 과정에서 자연스럽게 나타난 결과물이다.

성과는 리더가 기대하는 것을 달성한 것이고, 실적은 일하면서 만들어진 결과물이다. 이러한 점을 1on1에서 설명해 주어야 한다. 과연 팀원은 성과를 내는 사람인가, 실적을 내는 사람인가를 생각해 볼 수 있는 질문을 해야 한다.

리더 김 책임님, 우리 앞으로 1on1을 통해 성과를 잘 낼 수 있도록 함께 노력합시다. 그런데 성과의 의미가 뭔지 생각해 본 적이 있나요? 회사에서도 성과와 실적을 혼용하는 경우가 있는데, 성과에 대한 정확한 개념부터 서로 통일하고 시작하는 게 좋겠어요. 성과는 어떤 의미인가요? 성과와 실적은 어떻게 다른지 설명할 수 있나요?

팀원 성과는 '이룰 성(成)' '열매 과(果)'로, 열매를 이룬 것 아닌가요? 정성적이고 목표를 넘어선 달성이라고 생각해요. 실적은 정량적이고 객관적인 결과를 말하는 것이고요.

리더 우리는 조직에서 기대하는 것을 달성해야 합니다. 열심히 했더라도 조직이 기대한 것을 달성하지 못했다면 그것은 성과를 낸 것이 아니고 실적으로만 그친 것이에요. 나와 김 책임님은 조직이 기대하는 것을 달성했는지 점검해 보고, 앞으로 조직의 성과 달성을 위해 일해야 합니다.

둘째, 본인이 어떤 것을 잘하고 있는지, 그것이 조직에 어떻게 공헌하고 있는지를 객관적으로 설명하도록 질문한다.

사람은 자신을 평가해 보면서 객관화할 수 있다. 매년 인사고과를 평가할 때 대부분 1차로 자기평가를 하고, 리더가 2차 평가를 한다. 자기평가를 제도화한 것은 그 과정에서 자신을 객관적으로 바라볼 기회를 주기 위해서다.

여기에서 반드시 필요한 것은 팀원이 자기평가를 서면으로 작성했거나 인사관리시스템에 등록했다면 그것을 출력해 팀원이 리더 앞에서 본인의 성과를 구두로 설명해 보도록 하는 과정이 반드시 필요하다. 간단해 보이지만 이렇게 하지 않는 리더들이 많다. 1차 평가자료를 검토한 후 팀원이 직접 설명하는 과정을 간과하고 리더의 2차 평가로 곧장 들어가는 경우가 대부분이다.

1on1에서도 마찬가지다. 본인이 일한 것을 본인이 직접 말해 보면 자신의 업무를 좀 더 객관적으로 바라보게 되고, 1on1도 객관적이고 의미 있게 진행될 수 있다.

팀원 팀장님, 성과와 실적에 대해 생각해 보니 저는 나름 열심히 했지만 조직이나 리더가 기대하는 목표를 달성한 것으로 보기에는 아직 부족한 면이 있는 것 같습니다.

리더 왜 그렇게 생각하세요?

팀원 매출 목표를 달성하기는 했지만, 회사는 그것만 기대한 것이 아니더군요. 할인판매를 해서는 안 되었는데 저는 할인판매를 해서 지적받은 적도 있고요. 또 제품과 상품을 판매했으면 결제를 제대로 받아야 하는데 채권관리에 문제가 있었던 거래처도 2곳이나 있었습니다. 스스로를 평가해 보니 어떤 부분을 잘했고, 잘못했는지를 알 수 있었어요.

리더 맞습니다. 조직이나 리더는 한 가지만 기대하지 않아요. 앞으로 저와 함께 매주 미팅해 가면서 기대하는 성과를 내봅시다.

팀원 네, 팀장님. 감사합니다.

핵심 포인트

- 팀원이 성과와 실적에 대한 개념을 이해할 수 있어야 한다.
- 팀원이 스스로 조직에 어떻게 공헌했는지 설명할 수 있어야 한다.
- 팀원 스스로 본인이 한 일에 대해 말해 보도록 한다.

1 on 1

열정만 있는 팀원과 1on1 할 때

리더를 대하는 태도가 참 좋은 팀원이 있다. 매우 열정적인 모습은 인상적인데, 아쉽게도 자기주도적이지 못하고 대부분 리더의 지시를 받아서 일하고 싶어 한다. 리더가 일을 요청하면 대답은 씩씩하고 예의 바르지만 일의 완성도가 높지 않다. 그래서인지 리더에게 많이 의지한다.

그것만이 아니다. 일의 완성도가 높지 않으니 리더는 팀원의 일을 자꾸 신경 쓰게 된다. 일을 열심히 하는 것은 좋은데 신뢰가 가지는 않는다. 그래서 자주 점검하게 되고 작은 것까지 하나하나 챙긴다. 팀원이 잘 받아들여서 다행이지만 리더로서 너무 참견하는 것이 아닌가 하는 생각이 든다. 열정은 있는데 문제를 스스로 해결하지 못하는 팀원과 어떻게 1on1을 해나가야 할까?

이런 상황에서 해결방법은 팀원에게 학습의 여건과 기회를 만들어 주는 것이다. 1on1을 할 때도 팀원의 역량 개발을 위해 별도의 아젠다를 두고 학습을 통한 팀원의 성장에 대해 소통해 보자. 매주는 아니더라도 한 달에 한두 번 점검해 주는 것만으로 팀원에게 도움이 된다.

팀원이 일을 잘할 수 있는데 안 하는 것인지, 일을 잘하고 싶은데 못하는 것인지를 판단해 보자. 위의 사례는 하고 싶은데 못하는 경우이다. 그럼 어떤 방법으로 팀원을 학습시킬 수 있는지 살펴보자.

첫째, 사내교육의 기회를 제공한다.

리더와 팀원이 함께 학습목표를 설정하고, 사내교육을 통해 업무에 필요한 역량을 배우도록 한다. 필자는 팀장으로 일할 때 팀원과 합의해 학습목표를 설정하고 분기당 1개 이상의 수업을 수료하게 했다. 이때 팀원이 교육과정을 직접 선정하고 자발적으로 참여하도록 했다. 교육과정을 수료한 후에는 전파교육 및 토론을 통해 다른 팀원들에게도 학습효과를 전달하도록 한다.

둘째, 업무 관련 네트워크 개발을 지원한다.

사내교육 외에 사외교육도 충분히 활용한다. 사외교육은 현업을 잠시 뒤로하고 외부에서 교육을 받도록 지원해 주는 것이다. 팀원이 회사의 지원을 받고 있다는 점을 느낄 수 있는 기회가 된다. 사외교육의 경우 질 높은 학습을 통해 KSA Knowledge, Skill, Attitude가 좋아지는 것도 있지만, 사외교육에서 만나는 사람들과 네트워크를 통해 업무와 관련된 내용을 지속적으로 주고받을 수 있다.

셋째, 업무 관련 벤치마킹 기회를 지원한다.

선배나 동료를 보고 벤치마킹할 수 있다. 필요한 경우 리더가 가진 네트워크를 소개해 주는 방법도 있다. 벤치마킹은 팀원 스스로 배우겠다는 의지가 있을 때 더욱 효과적이다.

넷째, 적절한 업무량을 부여한다.

조금은 답답해 보여도 일정 기간 학습과 교육에 시간을 투자하면 확실하게 능력이 개발된다. 팀원이 학습 과정에 있다면 리더가 당분간은 업무량을 적절하게 조절해 주어야 한다.

리더와 1on1을 진행하면서 다음과 같은 질문을 통해 팀원의 학습의지를 계속 북돋아줘야 한다.

"지난주 받았던 사외교육은 좀 어땠나요?"

"어떤 부분이 업무에 도움이 될 것 같나요?"

"본인 스스로 학습할 수 있는 방법으로는 어떤 것이 있을까요?"

"앞으로 본인의 역량을 어떻게 개발해 나갈 계획인가요?"

"학습하면서 어려웠던 점은 무엇이었나요?"

"앞으로 어떻게 극복해 나갈 수 있을까요?"

핵심 포인트

- 업무와 관련된 교육에 참여할 기회를 준다.
- 업무와 관련된 네트워크를 통해 벤치마킹할 수 있도록 지원한다.
- 학습을 통해 더 많은 성과를 내도록 도울 수 있다.

1 on 1

연상 팀원과 1on1 할 때

연하 리더가 연상 팀원과 1on1을 할 때 불편하다고 걱정을 토로하는 경우가 있다. 연구자료를 보더라도 불편하다고 응답한 비율이 절반에 이른다.

세계가치조사World Values Survey에서 2010~2014년까지 57개국 8만 명 이상의 응답자에게 '30대와 70대 상사 중에 어느 쪽이 당신의 상사가 되면 좋겠냐'는 질문을 했다. 흥미롭게도 라틴아메리카, 러시아, 구소련에서 독립한 나라들, 네덜란드, 스페인, 스웨덴 등의 일부 서유럽 국가의 사람들은 젊은 상사를 선호했다. 반면 중국, 독일, 일본 사람들은 70대의 상사를 약간

더 선호하는 것으로 나타났다. 미국과 한국 사람들은 30대 상사와 70세 이상의 상사에 대한 선호도에 큰 차이 없이 절반의 비율로 조사되었다.

국내 취업 포털의 조사에 따르면 64.6%가 나이 많은 부하직원과 근무한 경험이 있으며, 이 중 49.9%가 '스트레스를 받았다'라고 응답했다. 이유는 '업무 지시가 어려워서(42%)' '내 의견을 무시하거나 따르지 않아서(36.2%)' '잘못을 지적하기 어려워서(35.6%)'라고 답했다.(출처 : 퍼블리, 나는 팀장이다 : 그래서 매일 딜레마에 빠진다)

그럼 1on1에서 연하 리더는 어떤 점이 불편할까? 연하 리더가 업무를 지시하거나 요청했는데, 다음과 같은 반응을 보일 때이다.

연상 팀원 제가요? 다른 팀원 시키면 안 되나요.

연상 팀원 팀장님, 예전에 그렇게 해봤는데, 안 되더라고요.

연상 팀원의 입장에서도 불편한 점이 있다. 자기보다 나이 어린 팀장이 미팅에서 '이거 하세요' '저거 하세요'라고 지시하면 기분이 썩 좋지는 않을 것이다.

연하 리더 김 과장님. 이거 작업하시고, 내일까지 마무리하세요!

연하 리더 경험이 많으시니 제가 얘기 안 해도 잘하실 수 있죠?

연상 팀원과 1on1을 해야 하는 연하 리더는 '인간미' 3가지를 기억하자. 몇 번의 시행착오를 거치다 보면 서로 자연스러워진다.

첫째, 인식하자(인).

리더는 신분이 아니라 역할이라는 점을 인식하자. 리더라는 역할을 신분으로 인식하면 불편하게 마련이다. 조직에서 직책은 역할이 다른 것일 뿐이다. 리더라는 역할을 부여받은 것이지 다른 신분을 부여한 것이 아니다. 팀장이라는 직책을 부여받았을 때, 마치 신분이 바뀐 것처럼 상하관계로 생각하는 것은 적절하지 않다. 연하 팀장은 언제든지 리더와 팀원의 역할이 바뀔 수 있다는 점을 염두에 두어야 한다. 언젠가 연하 팀장이 연상 팀원이 될 수 있다는 유연한 생각과 인식이 필요하다.

둘째, 간격을 줄이자(간).

연상 팀원과 심리적인 간격을 줄여야 한다. 이를 위해서는

1on1에서 리더의 역할에 대해 먼저 설명하는 과정이 필요하다. 더 나아가 리더의 역할을 하기에 부족한 점을 솔직하게 털어놓고, 업무와 인생의 선배로서 조언을 구하는 방법이 있다. 연상 팀원에게 리더가 먼저 다가감으로써 연하 팀장은 신뢰를 얻고, 연상 팀원도 리더에게 도움이 되고 팀의 성과에 공헌할 수 있다는 것을 더 구체적으로 알게 된다.

셋째, 미안하고 고마운 마음이 들게 하자(미).

1on1에서 연상 팀원을 존중해 줄 때 미안하고 고마운 마음이 들 수 있다. 직급이 높다고 해서, 직책을 가졌다고 해서 미팅 중에 반말인지 존댓말인지 헛갈리는 언행은 절대 금물이다. 지금까지 잘해 오다가 미팅 중에 한 번의 감정을 다스리지 못해 대립이 생겼다면 이전에 좁혀 두었던 심리적 간격이 다시 벌어진다. 이러한 모습은 주변 팀원들에게도 알려져서 성숙하지 못하다는 평가를 받게 된다.

연하 리더 매니저님은 어떻게 생각하세요?

연하 리더 좋은 생각 있으시다면 편하게 말씀해 주세요. 저한테 큰 도움이 될 거예요. 지난번에도 어려운 일을 책임감 있게 잘 처리해 주셔서 고맙습니다.

연하 리더 저희 팀에서 함께 일하게 되어서 얼마나 든든하지 모릅니다. 앞으로 저희 팀에 많은 도움을 주시면 감사하겠습니다.

핵심 포인트

- 리더라는 직책은 역할이지 신분이 아니라는 점을 기억한다.
- 연상 팀원과 인간적인 간격을 줄일 필요가 있다.
- 연상 팀원이 미안하고 고마운 마음을 가지도록 존중한다.

1 on 1

팀원이 식사하면서 1on1 하자고 할 때

별다른 이유나 설명도 없이 식사를 하면서 1on1을 하자고 하는 팀원이 있다. 리더는 이런 상황에서 어떻게 해야 할까? 반대하자니 1on1을 하기도 전에 관계가 서먹해질 것 같고, 동의하자니 리더를 너무 쉽게 보는 것은 아닌지 고민된다.

이런 경우 1on1의 목적이 팀원의 성과 목표 달성과 성장이라는 점을 생각해 보면 장소가 꼭 중요하지 않다는 사실을 알 수 있다. 리더와 팀원 간의 심리적 거리가 아직 가깝지 않다면 점심을 곁들이는 1on1도 좋은 방법이다. 식사를 하면서 대화를 통해 두 사람의 공통점을 찾으며 친밀감을 높이는 것이다.

리더가 팀원과의 관계 형성이 필요하다면 점심시간을 소통의 기회로 활용할 수 있다. 식사 장소에서는 가벼운 이야기로 대화를 나누고 업무에 관한 대화는 조용한 카페나 라운지 등으로 옮겨서 이어 나가는 것이 좋다. 리더와 팀원이 집중해서 솔직하게 대화할 수 있는 장소라면 문제될 것이 없다.

리더 점심식사를 하면서 미팅을 하자고요? 그러죠. 장소는 어디로 할지 알아봐 주세요. 그런데 왜 점심을 먹으면서 1on1을 하고 싶은지 이유를 물어봐도 될까요?

팀원 식사하면서 대화하면 점심 이후로 쭉 연결해서 진행할 수 있으니 시간도 효율적이고, 무엇보다 회의실은 좀 딱딱한 분위기가 될 것 같아서요.

팀원이 리더와 편안한 분위기에서 대화를 나누기를 원한다면 상황에 맞춰 몇 차례 더 점심식사 자리에서 1on1을 진행할 수 있다. 이때 리더는 점심식사를 곁들인 1on1의 장점과 단점을 알고 대응해야 한다. 식사하면서 대화하면 집중력이 떨어지게 마련이다. 업무 내용을 기록하기도 어렵고 자료를 찾아보면서 깊이 있는 대화를 하기에 불편하다.

그리고 다른 팀원들과의 형평성도 고려해야 한다. 누구는 회의실에서, 누구는 식당에서 미팅을 하면 작은 부분이지만 팀원들이 예민하게 받아들일 수 있다. 자칫 공정하지 못하다는 인상을 줄 수 있다.

리더 그럼 이렇게 하는 건 어때요? 점심식사 자리에서 이야기를 나누는 것도 좋지만, 오늘 이야기할 내용은 좀 더 집중해서 논의해야 할 부분이니, 식사 후에 조용한 카페로 옮겨서 이야기하는 건 어떨까요? 좀 더 하고 싶은 이야기가 있다면 그때 자유롭게 해주세요.

1on1은 장소가 중요한 것이 아니다. 리더는 수평적인 관계에서 대화를 시작하고, 서로의 의견을 존중하고 배려하는 분위기에서 진행해야 한다는 점을 염두에 두어야 한다. 장소, 시간, 아젠다, 역할 등을 팀원과 협의하고, 무엇보다 1on1을 함께 만들어 나가는 리더의 행동이 필요하다는 점을 기억하자.

1 on 1

눈치를 살펴야 하는 팀원과 1on1 할 때

팀원의 마음이나 태도를 살피느라 1on1이 불편한 경우가 있다. 이런 경우는 크게 2가지 유형으로 나뉘는데, 첫째는 팀원이 말이 너무 없으면서 부정적으로 대화하는 냉소적인 경우이고, 둘째는 말이 너무 많고 조금 공격적으로 말하는 경우이다.

첫째, 냉소적이고, 표정 변화나 반응이 적은 유형이다.

표정의 변화가 적고 반응도 잘하지 않는 팀원이 있다. 가끔 말을 하더라도 내용이 비판적이거나 본인이 의견을 내지도 않으면서 리더가 대안을 제시하면 부정적으로 받아들인다. 일을 잘해 보자고 미팅을 하는 것인데, 자신을 방어하려고 든다.

팀원 팀장님이 저번에 그렇게 하라고 해서 한 것뿐인데요. 팀장님께서 잘못 보신 것 아닌가요? 그건 제 잘못이 아니에요. 어차피 안 될 것 같은데요.

냉소적인 팀원과 성공적으로 1on1을 하기 위해서는 우선 열린 질문이 필요하다. 팀원의 비판적인 의견 속에 리더가 찾지 못한 건설적인 의견이 있을 수 있다. 개방적인 사고를 가지고 열린 질문을 통해 팀원이 자유롭게 대답할 기회를 준다. 열린 질문을 하면 팀원의 생각이 넓어지고 말하고 싶은 내용이 늘어난다. '예, 아니요'로 답하는 닫힌 질문은 냉소적인 팀원에게 적합하지 않다.

리더 김 책임님 고생했네요. 지난번 출장은 어땠나요?

리더 수고했어요. 이번 출장에서 현장 문제는 어떤 것들이 있었나요?

리더 그렇군요. 새롭게 발견한 내용이네요. 좀 더 자세히 설명해 줄 수 있나요?

이처럼 열린 질문을 하고 난 후에는 잠시 시간을 두고 기다린다. 곧바로 대답하지 않는다고 지적하거나 리더가 말을 더 이어 나가면 팀원은 대답을 못할 수 있다. 그리고 일회성에 그치는 것이 아니라 1on1의 횟수를 더해 가면서 신뢰가 쌓이는 순간까지 기다려 주어야 한다. 횟수가 늘어나면서 팀원과 리더 모두 1on1이 자연스러워질 것이다. 처음부터 완벽한 대답을 기대하지 말고 기다려 주자.

둘째, 의견 주장이 너무 강한 유형이다.

자기주장이 너무 강하고 무엇이든 본인이 주인공이 되어야 하는 팀원이 있다. 대화가 오가는 것이 아니라 대부분 본인의 계획이 맞다는 것을 힘주어 이야기한다. 팀원이 대화의 70～90%까지 주도하고, 리더의 생각이 본인의 생각과 다르면 때로는 공격적으로 나오기도 한다.

팀원 팀장님, 무조건 이걸로 해야 합니다. 이거 아니면 저도 어쩔 수 없어요! 제가 관련된 사람들 모두 설득하면 문제될 것 없어요! 팀장님은 그냥 계세요. 제가 알아서 하겠습니다.

자기주장이 강한 팀원에게 리더도 똑같이 강하게 대응할 필요가 없다. 팀원의 주장에 감정적으로 반응하지 말고 객관적인 태도를 유지하는 것이 필요하다. 팀원이 주도적으로 해보겠다고 하는 상황이니 오히려 팀원을 믿고 업무를 위임하는 것도 방법이다. 다만 모든 것을 알라서 하라는 식으로 방관해서는 안 된다. 팀원에게 업무를 위임하되 리스크가 있는지 냉정하게 살펴보고 점검할 수 있도록 조언해 준다.

리더 좋습니다. 그럼 강 책임님 계획대로 진행합시다. 우리는 같은 목표를 가졌으니, 내가 지원해야 할 것이 있으면 알려주세요. 다만 어떤 리스크가 있는지도 점검해 보세요.

팀원이 잘못된 방향으로 갈 때는 조언을 해주되 '옳다' 또는 '틀렸다'는 식으로 단정적인 표현을 하기보다 다른 관점이 있다는 점을 중립적으로 표현하는 것이 좋다.

리더 B플랜도 가능성이 커 보이는데, 어떻게 생각해요?

리더 강 책임님이 B플랜을 좀 더 효과적으로 잘 진행할 수 있을 것 같은데, 어떻게 생각하세요?

1 on 1

적당히 일하려는 팀원과 1on1 할 때

1on1을 할 때마다 '이 정도면 되는 거 아닌가요?' '더 많이 할 필요가 있을까요?'라는 식으로 적당히 일하려 드는 팀원이 있다. 특히 회사생활을 어느 정도 했다 하는 팀원 중에 이러한 태도를 보이는 경우가 있다. 마음먹고 집중해서 일하면 더 잘할 수 있는데, 더 큰 성과를 내려고 하기보다는 적당한 선에서 끝내려고 한다. 리더 앞에서도 가끔 힘 빠지는 이야기를 한다.

팀원 팀장님, 다들 비슷한 실적인데 더 할 필요가 있나요? 중간만 해도 되지 않아요?

리더 조금만 더 하면 좋은 결과가 나올 텐데 조금 더 해보면 어때요?

팀원 그 정도만 해도 충분하지 않아요? 이번 달에 잘하면 다음 달은 더 잘해야 하잖아요. 적당히 조절하는 게 더 좋다고 생각해요.

적당히 일하려는 팀원의 행동은 주변 팀원들에게도 좋지 않은 영향을 준다. 근무연수가 오래된 팀원이라면 후배들에게도 그러한 업무 태도를 전염시킬 수 있다.

A팀원 너무 잘하는 것도 좋지 않은가 봐. 적당히 하라고 하네.

B팀원 이 회사에서는 더 잘할 필요 없대. 그래 봤자 손해라고.

적당히 일하려고 하는 팀원에게는 어떻게 해야 할까? 이러한 팀원을 상대하는 데는 다음과 같은 방법이 도움이 된다.

첫째, 팀원의 행동을 면밀하게 관찰한다.

리더가 팀원의 행동을 관찰하여 일을 안 하는 것인지, 못하는 것인지를 파악한다. 이런 경우 대부분은 일을 못하는 것이 아니라 안 하는 쪽이다. 팀원의 행동을 관찰해 보면 왜 적당히 일하려고 하는지 알 수 있다. 목표가 너무 높아서 도전하지 않고 미리 포기하는 것인지, 다른 팀원과 협력이 되지 않아서 일하기 불편한 것인지 등 이유를 파악해야 한다.

둘째, 충분히 경청한다.

팀원을 관찰하면서 동시에 이야기를 충분히 경청한다. 한 번에 해결될 것이라는 생각보다 마음을 열 때까지 기다려 주어야 한다. 이때 리더가 팀원의 말에 '맞다' 또는 '틀리다'고 직접 말하기보다 충분히 듣고 나서 왜 그렇게 생각했는지 물어본다. 팀원이 질문에 대답하는 과정에서 스스로 문제를 자각하는 경우가 많다.

셋째, 팀원에게 도움을 청한다.

충분히 경청했다는 생각이 들면, 그때 리더의 견해를 요약해서 도움을 청한다. 팀원에게 도움을 청하는 것을 어색해할 필요가 없다.

리더 음, 그렇군요. 왜 그런 생각을 했는지 조금은 이해가 되네요. 그런데 내가 생각하는 방향으로 좀 도와줄 수 있나요?

팀원 네? 도와달라고요?

리더 김 책임님이 우리 팀을 위해 좀 도와줬으면 해요. 나는 김 책임님이 이번 일을 적극적으로 잘해 낼 수 있다고 생각해요. 도와주실 거죠?

중간만 가려는 팀원에게 역정을 내거나 일방적인 지시를 한다고 해서 생각이나 행동이 바뀌지 않는다. 리더가 역정을 내면 앞에서는 열심히 하는 것처럼 보여도 리더가 없으면 곧 원상태로 되돌아갈 뿐이다.

적당히 하려는 팀원과 1on1을 할 때의 핵심은 팀원의 마음을 여는 것이다. 팀원이 마음을 열고 리더를 받아들이면 문제는 해결된다. 그만큼 리더와 심리적 거리가 가까워지기 때문에 더 잘하고 싶은 마음이 자연스럽게 드는 것이다.

핵심 포인트

- 일을 안 하는 것인지 못하는 것인지를 점검한다.
- 팀원과 충분한 대화를 나눈다.
- 리더의 견해를 요약해서 팀원에게 도움을 청한다.

1 on 1

리더의 방식이 낡았다는 팀원과 1on1 할 때

1on1에서 리더가 피드백하면 '옛날에나 있었던 일(라떼)'이라고 직접적으로 반응하는 팀원이 있다. 다른 팀원들도 참석한 공개적인 회의에서 리더의 피드백에 대해 "라떼잖아요"라고 농담 반 진담 반으로 말하는 팀원도 있다. 이런 식으로 반응하면 난감해질 수밖에 없다. 피드백의 효과가 반감되기 때문이다.

하지만 팀원이 '라떼'와 같은 말을 반복적으로 한다면 성공적인 1on1을 위해 리더가 자신을 체크해 볼 필요도 있다.

첫째, 리더의 경험만을 중요하게 생각한 것은 아닌가?

내 경험이 다 맞는 것은 아니라는 태도가 필요하다. 과거의 성공 사례를 가지고 옳다고 주장하는 것이 자칫 낡은 방식에 사로잡힌 탓은 아닌지 생각해 본다. 과거의 성공 경험이 지금의 문제해결을 100% 보장하는 것은 아니라는 점을 인식할 필요가 있다.

팀원 그런 유통 대리점 구조는 옛날 방식 아닐까요? 지금 준비하는 신제품은 젊은 층을 대상으로 한 것이고, 기존과는 다른 채널을 활용해야 한다고 생각합니다.

리더 옛날에 유통 대리점 채널이 수익을 얼마나 많이 낸 줄 알아요? 안 해본 사람들이 꼭 그런 말을 합니다. 영업사원이 거래처에 가서 담당자와 이야기도 나누고 땀 흘리며 일하는 모습을 보여주면 거래처와 관계도 좋아져요. 영업은 그렇게 하는 거예요!

둘째, 리더가 평소 팀원에게 충분히 질문하는가?

리더가 질문하지 않으면 팀원은 본인의 이야기를 말할 기회가 없거나 줄어든다. 질문하지 않는 리더는 자기 경험만으로 일을 추진하려는 리더로 인식될 수 있다. 팀원들은 이러한 리더를

'라떼'라고 여긴다. 따라서 팀원에게 충분히 질문하는 것이 좋다. 리더가 원하는 답이 당장은 나오지 않더라도 시간이 지나고 횟수가 더해지면서 팀원이 더 많은 의견을 내고, 그것이 업무에 반영되는 횟수가 쌓이면서 팀원의 반응과 생각도 바뀐다.

팀원 요즘 미팅 때 제가 이야기한 의견들이 많이 반영되는 것 같아서 일에 대한 책임감도 더 느껴지네요.

리더가 충분히 질문하면 '라떼' 리더라는 말을 듣지 않을 뿐 아니라 팀원에게 문제해결의 중심이 될 기회를 줄 수 있다. 리더의 질문이 쌓여 갈수록 팀원도 문제를 해결하고 목표를 달성하는 역량이 강화된다.

핵심 포인트

- 리더의 경험이 과거의 사례임을 인정한다.
- 평소에 팀원들에게 충분히 질문한다.
- 팀원의 의견이 업무에 반영되도록 한다.

1 on 1

저성과자와 1on1 할 때

어떤 리더이든 일 잘하는 팀원과 함께 일하고 싶어 한다. 마찬가지로 1on1도 일 잘하고 성과를 잘 내는 팀원과 함께하는 것이 편하다. 그러나 조직에는 일 잘하는 팀원만 있는 것이 아니다. 고성과자, 중성과자, 저성과자가 함께 있기 마련이다. 어떤 경우에는 저성과자와 함께 일해야 하는데, 저성과자와는 어떻게 1on1을 해야 할까? 저성과자와 1on1을 할 때는 다음과 같은 방법으로 접근하면 도움이 된다.

첫째, 역량의 정도를 파악한다.

해당 직무에서 요구되는 역량이 부족해서 저성과자가 되는 경우가 많다. 팀원이 새로운 업무에 아직 익숙하지 않아서일 수도 있고, 조직생활에서 역량 계발을 게을리해서일 수도 있다. 이때 리더는 팀원의 저성과에 대한 이유를 판단해 봐야 한다.

리더가 보았을 때 팀원이 역량을 보완하여 성과를 낼 수 있다고 판단되면 적극적인 학습의 기회를 제공한다. 여기서 학습의 종류는 다양하다. 가장 빠르게 효과를 볼 수 있는 학습방법이 무엇인지 팀원과 의견을 나누고 지원해 준다. 내부와 외부의 교육 참여, 선배의 멘토링이나 벤치마킹의 기회도 제공할 수 있다. 학습을 통해 역량이 채워지면 점점 일 잘하는 팀원으로 변화될 수 있다.

둘째, 동기부여가 되는지를 파악한다.

저성과자 팀원과 일하면서 빠뜨릴 수 없는 것이 동기부여이다. 동기부여가 안 되면 리더가 역량 계발을 위해 학습을 지원하더라도 효과가 나타나기 어렵다. 리더는 팀원과 마주하는 1on1에서 리더와 약속한 사항들에 대해 동기부여가 되고 있는지 자주 점검해야 한다.

팀원이 동기부여가 안 되는 이유는 다양하다. 팀원의 개인적인 상황 때문일 수도 있고, 이직을 생각하거나 직무에 불만이 있는 경우도 있다. 성과를 내기 위해 노력했음에도 제대로 된 평가를 받지 못했을 때도 마찬가지다.

중요한 점은 팀원 스스로 점점 동기부여가 되어 가는 자신의 모습을 찾아야 한다는 것이다. 이를 위해 리더는 팀원이 어떤 요인에 따라 동기부여가 되는지를 면밀하게 살펴봐야 한다.

결국 저성과자는 시간을 두고 역량과 동기부여를 동시에 끌어올려야 한다. 어떤 학자들은 동기부여가 안 되는 직원에게 몇 차례 기회를 주고, 그래도 안 되면 더 이상 기회를 줄 필요가 없다고 조언한다. 하지만 리더가 처음부터 몇 번 해보다 안 되면 포기하겠다는 마음을 가지고 접근하는 것은 적합하지 않다. 저성과자 팀원이 개선될 수 있도록 충분한 기회를 주어야 한다.

핵심 포인트

- 저성과자 팀원의 역량이 부족한 원인을 파악한다.
- 역량이 부족한 경우 학습을 통해 보완할 수 있다.
- 팀원이 동기부여가 될 수 있도록 충분한 기회를 준다.

1 on 1

존중받지 못한다는 팀원과 1on1 할 때

자신이 회사에서 존중받지 못한다고 토로하는 팀원이 있다. 팀원이 존중받지 못한다는 사실은 회사의 '근무만족도 평가'나 일정 직급 이상의 리더들을 대상으로 하는 '360도 다면평가' 등으로 리더에게 전달된다.

팀원은 어떤 이유로 존중받지 못한다고 생각할까? 한 외국계 대기업이 국내에 근무하는 구성원을 대상으로 매년 근무만족도 평가를 집계한 내용을 보면, 다음과 같은 상황에서 팀원이 존중받지 못한다고 느낀다고 응답했다.

[회사에서 내가 존중받지 못한다고 느낄 때]

1. 회의나 미팅에서 말할 기회가 주어지지 않을 때
2. 회의나 미팅에서 내 의견이 무시될 때
3. 내 의견이 잘못되었다고 지적당할 때
4. 리더가 내 의견을 경청해 주지 않을 때
5. 리더가 일방적으로 지시할 때
6. 리더가 일방적으로 말을 끊을 때
7. 리더가 성급하게 결론 지을 때
8. 리더가 감정적으로 말할 때
9. 리더가 반복적으로 강요할 때
10. 리더가 나에 대해 말한 것을 다른 사람을 통해 들었을 때

리더가 팀원을 존중한다는 것은 팀원 본인이 가진 역량을 발휘해서 좋은 성과를 내도록 배려하는 것이다. 그렇다면 리더와 팀원 단둘이 진행하는 1on1의 자리는 리더가 팀원을 존중하고 있다는 것을 보여 줄 수 있는 좋은 기회가 된다. '나도 귀하니 너도 귀하다'라는 식으로 상대방을 귀하게 여기는 리더의 모습을 보여 줄 필요가 있다. 리더가 팀원을 존중하기 위한 구체적인 실행계획은 다음과 같다.

[팀원을 존중하기 위한 리더의 구체적인 행동]

1. 팀원의 말을 끝까지 듣는다.

2. 팀원의 의견에 공감한다.

3. 작은 부분이라도 칭찬을 표현한다.

4. 경청한 것을 잊지 않고 피드백한다.

5. 팀원의 의견을 응원하고 자존감을 높여준다.

리더가 팀원을 얼마나 존중해야 하는지 정해진 것은 없다. 다만 리더가 팀원들의 가치와 의견을 존중한다는 것을 팀원 스스로 느낄 수 있어야 한다. 오늘 이 시간에 나와 함께 일하는 팀원들을 존중하고 있는지 스스로 답해 보자.

핵심 포인트

- 존중은 상대를 귀하게 여기는 것이다.
- 리더가 팀원을 존중하는 모습을 보여준다.
- 팀원이 존중받고 있다는 것을 느낄 수 있어야 한다.

1 on 1

비대면 1on1에서 카메라를 끄자고 할 때

리더와 팀원의 근무지가 달라서 비대면으로 1on1을 해야 할 때가 있다. 글로벌 기업의 경우가 특히 그렇다. 한국에 리더가 있고 팀원은 싱가포르나 베트남, 필리핀, 말레이시아 등에서 일하고 있는 경우 비대면으로 1on1을 하게 된다.

그런데 팀원이 1on1을 할 때마다 카메라를 위로 올린다거나 아예 끄자고 한다면 리더는 어떻게 해야 할까? 리더가 카메라를 켜도록 요구할 수도 있고, 반대로 팀원의 의견을 적극적으로 수용해서 음성으로만 진행할 수도 있다.

미국의 리더십 컨설팅 기업 젠거포크먼의 공동설립자 조셉

포크먼Joseph Folkman은 "리더십에도 밀당이 필요하다"고 말한다. '밀기'는 권위주의 측면의 리더십으로, 방향을 설정하고 명령하고 지시하고 기한을 정하고 팀원에게 책임을 부여하는 것이다. '당기기'는 업무의 배경을 설명하고 업무를 잘 수행할 수 있는 아이디어를 내도록 의향을 묻는 것이다. 조셉 포크먼은 360도 다면평가를 통해 10만 명의 데이터를 분석한 결과 리더가 '밀기'를 잘하면 구성원들의 자신감이 높아지고, 리더가 '당기기'를 잘하면 구성원들의 만족도가 높아진다고 말한다. 리더가 '밀기'와 '당기기'를 모두 잘하면 팀원들의 업무에 대한 자신감과 만족도가 모두 높아진다.

1on1을 할 때 카메라를 끄자고 하는 팀원에게는 밀당이 필요하다. 몇 가지 방법을 선택적으로 활용해 볼 수 있다.

첫째, 유연하게 대응한다.

앞서 제시한 밀당을 활용한다. 리더가 카메라를 켜고 하자는 것은 팀원과 마주 보며 한 팀으로서 관계를 강화하기 위한 목적도 있다. 따라서 미팅을 시작할 때만 카메라를 켜고 인사를 나눈 후 본격적인 회의는 카메라를 끄고 하는 방법도 있다. 무조건 리더의 말을 따르라는 식으로 진행하면 팀원들이 1on1을 형식적으로만 참여할 수 있다. 이때는 리더가 유연하게 팀원과 협의하는 것이 좋다.

둘째, 팀원이 원하는 대로 카메라를 끄고 진행한다.

팀원이 카메라에 비쳐지는 주변 환경이나 본인의 모습을 불편해하는 경우도 있다. 이런 경우에 리더도 반드시 카메라로 서로의 얼굴을 봐야 하는지 스스로에게 질문해 보자. 오히려 자료 화면과 음성을 켜놓고 미팅을 진행하면 집중이 더 잘되는 경우도 있다.

우리는 이미 팬데믹 시대에 재택근무라는 하이브리드 근무 형태를 경험했다. 재택근무를 처음 시작했을 때는 카메라를 켜고 팀장에게 출근 인사를 하고 퇴근시간에 미팅을 잡는 등 어떻게든 팀원들을 관리하려고 했다. 하지만 재택근무가 어느 정도 정착되고 나서 카메라를 켜놓고 출근 미팅과 퇴근 미팅을 하는 문화가 거의 사라졌다.

셋째, 회사의 정책임을 알려준다.

리더가 카메라로 얼굴을 보며 미팅해야 하는 상황이라면 회사의 비대면 근무 관련 정책이라는 것을 설명하고, 카메라를 켜

달라고 정중하게 요청한다. 이때 팀원에게 부담을 주거나 반발심을 불러일으킬 수 있다는 점을 사전에 고려해야 한다.

결국 1on1의 당사자는 리더와 팀원이다. 두 사람이 신뢰를 바탕으로 상대에게 공감하며 솔직한 대화를 통해 문제를 해결해 나가야 한다.

핵심 포인트

- 1on1 진행방식을 팀원과 협의하는 유연함이 필요하다.
- 카메라를 끄고 진행하는 것도 방법이다.
- 필요한 경우 카메라를 켜는 것이 회사의 정책임을 충분히 설명한다.

1on1을 위한 3공 리더

팀원이 1on1을 하고 싶은 리더가 되기 위해 3가지를 제안한다. 팀원과 리더 모두에게 도움되는 내용일 것이다.

첫째, 공부하는 리더

리더십의 중요한 역량 중에 '학습 민첩성'이라는 개념이 있다. 리더가 평소 학습을 게을리하지 않아야 한다는 것이다. 리더는 자신이 속한 산업 동향이나 직무와 관련된 새로운 정보와 기술을 부지런히 내 것으로 만들어야 한다. 포털사이트에 관심 키워드를 등록해 새로운 정보를 습득하고, 업무와 관련된 세미

나와 포럼도 꾸준히 참여한다.

공부하는 리더가 되어야 하는 이유는 간단하다. 1on1은 리더와 팀원이 함께 문제해결을 위한 논의를 하는 자리이기 때문에 몇 번만 해보면 리더의 실력이 금방 드러난다. 리더에게 새롭게 배울 점이 있다는 것을 팀원이 느낀다면 1on1을 하는 데 큰 도움이 된다.

둘째, 공유하는 리더

본인이 가진 경험과 노하우를 공유하는 리더가 되어야 한다. 팀원이 자신의 문제를 해결하는 데 어려움이 있어서 리더에게 도움을 요청하는 상황이라면 더더욱 아낌없이 공유해야 한다. 리더가 아는 것을 팀원이 알게 된다고 해서 리더의 존재감이 약해지지 않는다. 리더가 가진 노하우와 경험은 공유한 만큼 그 이상으로 다시 채워진다.

팀원에게 적극적으로 공유하는 리더는 팀원과의 소통이 원활해지고 긍정적인 분위기가 만들어져서 리더십에도 좋은 영향을 준다. 따라서 리더가 노하우와 정보를 공유하는 것은 1on1을 잘되게 하는 것은 물론 팀원의 성장과 조직의 발전에 가장 효과적인 방법이다.

셋째, 공헌하는 리더

목표를 달성하고 성과를 내는 리더의 모습 자체가 1on1에 큰 도움이 된다. 성과를 통해 조직에 공헌하는 리더는 팀원이 닮고 싶은 좋은 사례가 되기 때문이다. 항상 목표를 달성할 수는 없어도 성과를 내기 위해 고민하고 개선하려는 리더의 모습은 본받을 만한 귀감이 된다. 이런 리더는 나침반처럼 팀원들에게 정확한 방향을 안내하려고 노력한다. 리더가 플레이 코치가 되어 선수들과 함께 뛰는 모습도 그러하다. 어떻게든 주어진 목표를 달성하기 위한 리더의 노력을 팀원들은 그대로 느낀다.

요즘처럼 미래를 예측할 수 없고 복잡하고 불투명한 경영환경에서는 리더의 역할이 더 많이 요구된다. 리더가 어떻게 방향을 제시하고 구성원에게 동기부여를 하는가에 따라 조직의 성과가 달라진다. '리더와 리더십의 역량이 성공의 한계를 결정한다'는 말처럼, 리더가 어떤 사람인가에 따라 조직의 성패가 결정된다.

결국 1on1도 사람과 사람이 하는 것이다. '공부하는 리더' '공유하는 리더' '공헌하는 리더'라면 팀원에게 인정받고 존경받는 리더가 되기에 충분하다.

조직의 성과와 팀원의 성장을 위한 1on1 소통의 기술

리더의 원온원

초판 1쇄 인쇄 2025년 1월 5일
초판 1쇄 발행 2025년 1월 10일

지은이 이인우, 유경철
펴낸이 백광옥
펴낸곳 ㈜천그루숲
등 록 2016년 8월 24일 제2016-000049호

주소 서울시 동작구 동작대로29길 119
전화 0507-0177-7438 **팩스** 050-4022-0784 **카카오톡** 천그루숲
이메일 ilove784@gmail.com

기획/마케팅 백지수
인쇄 예림인쇄 **제책** 예림바인딩

ISBN 979-11-93000-64-9 (13320) 종이책
ISBN 979-11-93000-65-6 (15320) 전자책